T0030179

PONTE A PUNTO PARA EL ANTIRRACISMO

Desirée Bela-Lobedde

PONTE A PUNTO PARA EL ANTIRRACISMO

Consejos útiles para iniciar la alianza antirracista

Papel certificado por el Forest Stewardship Council®

Primera edición: marzo de 2023

Printed in Spain – Impreso en España

ISBN: 978-84-666-7547-5
Depósito legal: B-948-2023

Compuesto en Llibresimes, S. L.

Impreso en Liberdúplex
Sant Llorenç d'Hortons (Barcelona)

BS 7 5 4 7 5

Índice

1

Educación antirracista, ¿para qué?

Existe la creencia, absolutamente falsa y desafortunadamente muy generalizada, de que el racismo ya pasó, de que ya no existe. Y de que, si existe, no es en España. Porque España no es racista. Pero sí lo es. El problema radica en la concepción tan limitada que se tiene de lo que es el racismo y de cómo se manifiesta. Y desde ese entendimiento incompleto y sesgado, una amplia mayoría de las personas, que solo identifican como racismo las expresiones más violentas, considera que la educación antirracista no es necesaria. Que para qué sirve.

Soy consciente de que acabo de hacer una afirmación que levanta ampollas entre un número considerable de personas (sobre todo, de personas blancas). Ante semejante aseveración, que podría juzgarse categórica —decir que España es racista—, hay quienes se rasgan las vestiduras, se escandalizan o se ofenden. Y reaccionan de muy distintas formas, que van desde la pasivoagresividad hasta la ira más visceral. Además, todas ellas son reacciones violentas.

Esta manifiesta hipersensibilidad frente a la afirmación de que España es racista se da porque partimos de una base equivocada. España no puede *no ser* racista teniendo la historia que tiene. Igual que pasa con el resto de los países europeos, hablamos de sociedades herederas de imperios colonizadores. Y la colonización se basó, entre otras cosas, en la creencia de que Europa y sus habitantes eran superiores al resto de los territorios, sobre todo a los territorios del sur global. Sé que, si hablo de «países del sur global», habrá personas que no sabrán a qué me refiero; pero, si en cambio utilizo «países tercermundistas» o «subdesarrollados», la mayoría sabrá de qué hablo. Sin embargo, hablar de «tercer mundo» o de «países subdesarrollados» me parece despectivo e injusto. Por eso prefiero utilizar la expresión «países del sur global». Y no lo hago por usar un eufemismo, sino por hablar desde la dignidad que esos territorios merecen.

Decía que las sociedades actuales son fruto del desarrollo de imperios colonizadores. Dichos imperios emprendieron sus campañas colonizadoras y civilizatorias para hacer llegar el «progreso» a *esos pobres salvajes*, a los que había que salvar de sus propias circunstancias y reeducarlos. Lamentablemente, hay personas que aún hoy en día siguen creyendo que los territorios del sur global necesitan de Europa para progresar, y que a saber qué habría sido de sus pobladores autóctonos sin la intervención europea.

Desde luego, no sabemos cuál habría sido el destino de esos territorios sin la colonización europea, eso es cierto. Pero, en ese supuesto escenario de no intervención occidental, muchas personas occidentales y blancas tienden a pensar que esas sociedades habrían permanecido en la era preindustrial y no habrían progresado. Yo prefiero pensar, simplemente, que nunca sabremos cómo serían esas sociedades en la actualidad, qué modelos de gobierno habrían desarrollado, ni cómo serían sus economías. Ni siquiera sé cómo serían las relaciones entre esos territorios y Europa. Puede que fueran más igualitarias, y que no estuvieran marcadas por el paternalismo, el intervencionismo o el saqueo extractivista y el abuso. Ni lo sé ni puedo saberlo. Lo que me niego es a aceptar, como hacen muchas personas, que sin la colonización esos países hoy no serían nada. Porque tal pensamiento no deja de basarse en la idea de que, efectivamente, Europa es superior y tiene el poder de contribuir a la salvación de dichos territorios. Nadie parece caer en la cuenta de que esos territorios están siendo salvados por Europa, cuando fue precisamente Europa la que contribuyó a crear esas situaciones de las que hoy hay que salvarlos. Como dice Sani Ladan, no se puede ser pirómano y bombero al mismo tiempo.

Con semejante pasado colonialista, cuesta creer que el racismo haya desaparecido de nuestras actitudes, de nuestros aprendizajes y, en definitiva, de nuestras vidas. Además, en el caso de los territorios africanos, los procesos de independencia empezaron a producirse a finales de la década de 1950. Y lo mismo sucede con los movimientos de defensa de los derechos civiles, que adquirieron fuerza a partir de las décadas de 1950 y 1960. De eso hace cuatro días, como quien dice. No ha transcurrido el tiempo suficiente para que se equilibre, mediante la aplicación de justicia social, un sistema que lleva desequilibrado tantos siglos. Desde el siglo xv, para ser exactos.

En el momento en que escribo esto, a finales de 2022, tan solo hace setenta y dos años de la primera proclamación africana de independencia, que fue la de Ghana. Esos setenta y dos años, en el caso más longevo, no pueden hacer sombra a cinco siglos de colonialismo, que han dejado un profundo poso de conductas y actitudes, muy arraigadas en forma de creencias estereotipadas y sesgadas con respecto a las personas africanas, que fueron difundidas para justificar la esclavización y el maltrato sistemático al que se sometió a la población del continente africano. Esos setenta y dos años de independencias han servido para constatar que, a pesar de haberse culminado dichos procesos, hay países como Francia que siguen ejerciendo un férreo control en determinados territorios africanos. Un ejemplo claro de todo ello es el control financiero a través de la imposición del franco CFA[1] como moneda en más de una decena de países africanos, aunque, en realidad, esta imposición en concreto va más allá de la cuestión financiera,[2] y ha pasado a convertirse en un controvertido entramado conocido como Françafrique.[3]

1. El franco CFA es el franco de la Comunidad Financiera Africana y se utiliza en catorce países de África, la mayoría de los cuales son excolonias francesas.

2. Puedes leer este artículo sobre el franco CFA en la revista digital *Mundo Negro*, <https://link.desireebela.com/franco-cfa>.

3. Aquí podrás informarte de la situación reciente de la Françafrique: <https://link.desireebela.com/francafrique>.

* * *

La educación feminista ha ido ganando fuerza y terreno en los últimos años. Cada vez hay una mayor comprensión de que vivimos en una sociedad patriarcal, machista y misógina. Se habla, cada vez con más frecuencia, de que vivimos en sociedades que generan beneficios y oportunidades que privilegian a los hombres cisgénero por el simple hecho de serlo. Y esos beneficios, a su vez, son fuente de opresión, discriminación y violencia para las mujeres, feminidades y personas de género no binario. Y, si bien aún nos queda mucho camino por recorrer, crece la convicción de que es necesario educar desde una perspectiva de género para entender esas dinámicas de desigualdad. Así podemos identificarlas y contribuir a su eliminación.

La educación feminista ha permitido a muchas personas entender que el machismo va mucho más allá de los feminicidios. Los asesinatos de mujeres son la expresión más violenta del sistema, pero no son su única manifestación. Y eso ¿en qué se traduce para las mujeres? Pues, entre otras cuestiones, en la existencia de brechas salariales, de techos de cristal —o suelos pegajosos, si además incorporamos otros ejes de opresión más allá del género— y en la perpetuación de la cultura de la violación. También se manifiesta a través de la feminización de la pobreza o del reparto injusto de la carga de los cuidados, que en el caso de las parejas heterosexuales recae en mayor medida sobre las mujeres.

Otras expresiones de esta misoginia también son el acoso callejero o la deslegitimación de nuestro conocimiento. Y, por supuesto, la infravaloración de nuestras aportaciones, o la apropiación de nuestras ideas por parte de señores mediocres que las hacen pasar por suyas y se llevan nuestros ascensos y promociones. A ello cabe sumar el síndrome de la impostora, que nos pega bien fuerte y hace que, por nuestra condición de mujeres, estemos cuestionando constantemente nuestra valía y nuestra legitimidad cada vez que queremos sacar adelante un proyecto. Todos estos aspectos están ahí y forman parte de lo mismo: un sistema jerárquico que sitúa a los hombres en el centro por el simple hecho de ser hombres.

Ahora voy a interpelar directamente a todas las personas que se consideran feministas, y en especial a las mujeres blancas. Hemos necesitado acercarnos a los discursos feministas para dejar de normalizar muchos aprendizajes sesgados. Y en cuanto hemos empezado a formarnos y educarnos en las teorías feministas, muchas de nosotras nos hemos dado cuenta de las cosas que hemos aceptado, que hemos dicho o hemos pensado, y ahora vemos que eran pura misoginia. La educación feminista y la incorporación de la perspectiva de género a nuestros análisis han arrojado luz sobre todas esas cuestiones.

Muchas de nosotras hemos pensado en más de una ocasión cosas por el estilo de: «Madre mía, ¡la de cosas que yo aceptaba hace dos semanas —o dos meses o dos años— y que eran problemáticas!». Ahora tardamos mucho menos en percatarnos. Detectamos con más facilidad las situaciones de opresión y discriminación sexista. Y lo hacemos porque tenemos la formación, la educación y las herramientas que nos lo permiten. Llevamos puestas las gafas violetas.

Este sistema machista también es racista. Y no es algo que me esté inventando yo. Pensadoras como bell hooks[4] y Audre Lorde[5] ya lo dijeron mucho antes. Y no son las únicas. Que este sistema, declaradamente machista, también es racista significa que, más allá de todo aquello que suele resultar más visible y más socialmente aceptado en relación con la violencia racista, hay muchas otras cuestiones que también tienen que ver con el racismo.

Podría hablar de la invisibilización y borrado de referentes del sur global y sus aportaciones históricas; de las detenciones policiales por perfil étnico; de la existencia de los CIE y la ley de extranjería. Podría hablar también de la hipersexualización de los cuerpos de las personas racializadas, y de un sinfín de cuestiones más. O de cómo en España —cuestión esta que podría hacerse extensiva al resto de Europa— la sociedad mayoritariamente blanca vive bajo la ilusión de que en los países europeos no existe el racismo, porque el racismo es solo lo que ocurre en Estados Unidos. Para combatir este sesgo, te recomiendo que leas a la escritora británica Reni Eddo-Lodge.[6]

La experiencia del racismo en los Estados Unidos de América se ha universalizado y se ha aceptado globalmente. Este fenómeno lo provoca la difusión masiva de los casos más relevantes a través de los medios de comunicación y de la industria televisiva y cinematográfica. Como

4. b hooks, *El feminismo es para todo el mundo*, Madrid, Traficantes de Sueños, 2017.

5. A. Lorde, *Hermana otra*, Madrid, Horas y horas, 2022.

6. R. Eddo-Lodge, *Por qué no hablo con blancos sobre racismo*, Barcelona, Península, 2021.

consecuencia, muchas personas en todo el mundo creen que lo que muestran dichas imágenes es la única forma en que se expresa el racismo: la forma norteamericana. Y, ancladas en esa creencia, han decidido ignorar las manifestaciones del racismo en Europa —yo hablaré de España, que es mi contexto—, que son diferentes de las que vemos en nuestras pantallas. Por eso hay una cantidad tan preocupante de gente que no sabe qué es un CIE, ni que en España existen vuelos de deportación con los que se expulsa a las personas extranjeras en situación administrativa irregular, e ignoran las condiciones en las que todo eso sucede. O, si lo saben, deciden ignorarlo de un modo más o menos consciente. Ojos que no ven, corazón que no siente.

De esta manera, al no verlo —y, en consecuencia, al no sentirlo—, estas personas contribuyen a la perpetuación de un sistema racista que favorece las situaciones de discriminación racial que sufrimos quienes no tenemos el color de piel que se supone que tiene la población española. Estas situaciones discriminatorias se asientan en un sistema jerárquico basado en la supremacía de la blanquitud. No olvidemos las palabras de Angela Davis, en su visita a La Casa Encendida, en Madrid, en 2018: «Europa no sería lo que es hoy sin todo el proceso de colonialismo, sin toda la riqueza que fue extraída de muchos de los países de los que las personas huyen en la actualidad buscando en países como España la posibilidad de una vida mejor».[7]

7. B. Navarro, «Angela Davis en Madrid: la conversación será antirracista o no será», *Pikara Magazine*, 31 de octubre de 2018. Disponible en <https://link.desireebela.com/angela-davis-madrid>.

La supremacía blanca se configura como un sistema jerárquico que sitúa a las personas blancas arriba, o en el centro, y a las personas racializadas abajo o en los márgenes. Este es su punto de partida. Sé que es un concepto que da mucho miedo. La mayoría de la gente, cuando piensa en supremacía blanca se va a los extremos, a lo peor, a lo incuestionablemente condenable: el Ku Klux Klan, la extrema derecha, los grupos de neonazis... pero, en realidad, la supremacía blanca es algo mucho más común. Es el hecho de que casi todas las personas que ocupan puestos de responsabilidad sean blancas. Es no encontrar productos para el cabello afro o la piel negra en el supermercado. También es tener dificultades para alquilar un piso por ser una persona negra o de otro origen racial o étnico.

De igual modo, la invisibilización de las aportaciones históricas de personas racializadas en el sistema educativo constituye otro indicativo de la supremacía blanca. Como también lo es que en las cabalgatas de Reyes quienes desempeñan cada año el papel de rey Baltasar sean hombres blancos pintados de negro, que todavía existan los pajes de Alcoy[8] o que en muchas ciudades costeras se sigan celebrando fiestas en honor a los indianos, sin realizar un ápice de revisión crítica sobre lo que estos hicieron. También podríamos decir que supremacía blanca es dar por sentado que la música clásica europea es Música Clásica

8. E. Swartch Lorenzo, «4 razones porque los pajes negros de Alcoy son violencia», *Afroféminas*, 3 de enero de 2022. Disponible en <https://link.desireebela.com/pajes-alcoy>.

en mayúsculas, mientras que la música clásica de otras latitudes se encasilla en la categoría de *Músicas del Mundo* o de folclore.

Por seguir con las expresiones culturales, la supremacía blanca también presupone que el arte europeo ha de estar en todos los museos, pero que las obras de arte —expoliadas— de territorios del sur global se expongan en museos antropológicos de Europa, y lejos de sus lugares de origen, y que pocos de esos museos se planteen devolver las piezas a sus territorios autóctonos, como planteó Chimamanda Ngozi Adichie durante su ponencia de apertura en el foro Humboldt.[9] Como ves, son muchas cosas. Y la educación antirracista es lo que nos permite identificar todas estas cuestiones y entender el mensaje y las reivindicaciones de las comunidades racializadas.

Pero para ello hay que escuchar. Y es algo complicado, claro. De repente, la fragilidad blanca hace acto de presencia y lo complica todo. Y eso dificulta el diálogo.

Necesitamos educación antirracista. Todas las personas. Tú también. Sí, tú. Aunque tengas una hija adoptada; aunque tu compañero de trabajo sea africano (y no sepas de qué país); aunque pagues la cuota a diferentes oenegés y hayas viajado a la India para hacer un voluntariado a resultas del cual, cuando regresaste, te diste cuenta de hasta qué punto aquel viaje te había cambiado la vida.

Necesitas educación antirracista porque todas las per-

9. Humboldt Forum, «Festrede von Chimamanda Adichie (OV)», 22 de septiembre de 2021. Disponible en YouTube en <https://link.desireebela.com/chimamanda-humoldt>.

sonas la necesitamos. Y la necesitamos porque el sistema ya trae consigo el racismo de fábrica. Se nos educa en ese racismo, por acción y por omisión. Y todo eso sucede a edades muy tempranas. Tan tempranas que no somos capaces de identificar que lo que aprendemos está sesgado y deja fuera las historias, las aportaciones y los saberes de otras latitudes. A ello es a lo que nos referimos cuando hablamos de la postura eurocéntrica de la valoración del conocimiento. Y también cuando desde posiciones antirracistas y descoloniales se critica y se cuestiona la blanquitud de la academia como institución. Por eso la forma de equilibrar la balanza y añadir cada vez más justicia social a este sistema desequilibrado pasa por educarse.

El racismo no va a desaparecer porque dejemos de hablar de ello. Es algo que me han dicho muchas veces. «Tú lo que tienes que hacer es dejar de hablar de racismo, Desirée». Y sí, yo puedo dejar de hablar de racismo, por supuesto. Sin embargo, eso no hará que la policía deje de parar a personas racializadas por la calle para pedirles los papeles, ni hará que a las personas de otros orígenes raciales les resulte complicado conseguir un puesto de trabajo porque tienen unos apellidos que no suenan españoles o no tienen aspecto de españoles.

Para que el racismo desaparezca, y si queremos que desaparezca de verdad, hay que tener la educación necesaria que nos permita mirar con ojos críticos la raíz del sistema que genera esas desigualdades, y analizar cómo, con nuestras acciones, contribuimos a su perpetuación o a su desmantelamiento.

La educación antirracista te permitirá entender que,

cuando una persona te señala un comportamiento racista, lo hace para informarte del dolor que estás causando al adoptar dicha conducta. Te permitirá entender que el señalamiento de una conducta racista describe la conducta en sí; por tanto, quien te señala esa conducta no te está llamando mala persona, sino que quiere que sepas que lo que has dicho o hecho es problemático. La educación antirracista te dará las claves para entender qué significa la expresión «no basta con no ser racista: hay que ser antirracista». Porque ser antirracista significa tomar partido en favor de las personas cuyas vidas reciben el impacto negativo del racismo desde hace siglos.

Otra cosa que hará por ti la educación antirracista será ayudarte a gestionar tu ego y a conectar con la humildad. Si eres una persona blanca, escucharás—o leerás, como en este caso— muchas veces que, en cuestiones de antirracismo, tú no eres el centro de atención. Ni siquiera tus intenciones lo son. Demasiado a menudo, cuando a alguien se le señala una conducta o un comentario racista, lo primero que hace para quitarse las culpas de encima es decir «no fue mi intención». Pero el caso es que las acciones, más allá de las intenciones que las promuevan, tienen un impacto en otras personas. La educación antirracista pretende que seas capaz de responsabilizarte de esas acciones, independientemente de si tu intención fue causar daño o no —que seguramente no lo fue—, y aprender a brindar una reparación.

La educación antirracista te permitirá entender, también, que esto no es solo para que tú te sientas mejor persona. Es algo que me dicen muchas personas que me escriben por correo electrónico o a través de mensajes directos en Instagram. «Desirée, tu contenido me ayuda a ser mejor persona». Y, de nuevo, se sitúan en el centro. Sin embargo, la práctica antirracista no debe llevarse a cabo por intereses personales. Tienes que sumarte al movimiento antirracista porque es lo correcto, porque es una cuestión de justicia social. Tienes que sumarte a los movimientos antirracistas porque, si no lo haces, te mantienes al margen e impasible ante el sufrimiento, el dolor, la discriminación y la muerte que afecta a la vida de muchas comunidades. Y eso es injusto. Por eso tienes que sumarte. No solo para que dejen de llamarte la atención por tus comentarios racistas, ni para sentir que te estás convirtiendo en una mejor persona. Si lo estás haciendo por eso, lo haces por los motivos equivocados y entonces, cuando veas lo que el antirracismo requiere de ti, te retirarás y dejarás de participar en un movimiento social que te necesita.

De este modo comprenderás, gracias a la educación antirracista, que esta también es tu lucha. Demasiadas personas se mantienen al margen bajo la creencia de que el racismo es solo cosa de las personas a las que nos afecta. Bueno, pues tengo que decírtelo: las personas a las que nos afecta no somos las personas que crearon este sistema diseñado para instrumentalizarnos o destruirnos. Así que, si no fuimos quienes lo creamos, ¿por qué deberíamos ser solo nosotras quienes trabajan para erradicarlo? La contribución de las personas que se benefician de este sistema es indispensable. Es tal como te digo: si tú no ves en tu vida los impactos negativos del racismo, es porque, de alguna manera, te beneficias de él. Y sé que es duro leerlo. Y también es duro aceptarlo; de hecho, sé que seguramente, si eres una persona blanca o con privilegio blanco, estarás negando con la cabeza. Pero que tú lo niegues no hace que deje de ser cierto.

Y hablando de certezas, el antirracismo te enseñará a entender esto: tu forma de comprender y vivir el mundo, marcada por y para el beneficio de las personas blancas no es la única forma de entender y vivir el mundo. Lo que sucede es que tú no registras esas otras formas; sin embargo, eso no las invalida ni las desacredita ni las niega. Así que, cuando una persona te señale un acto racista —lo hayas cometido o no—, ten la humildad suficiente para no negarlo solo porque tú, según tus vivencias, creas que eso no puede suceder. Insisto: que no te suceda a ti no implica que no suceda y sea cierto para otras personas de otras comunidades o grupos raciales.

¿Sabes qué más te permitirá la educación antirracista? Acostumbrarte a hablar sobre racismo sin sentir que se te acusa de algo. Necesitamos hablar más sobre racismo. De verdad. Es imperativo. Decía Moha Gerehou en su libro[10] que él tiene el deseo y la esperanza de que el racismo y el antirracismo se conviertan en temas de conversación habituales en todos los espacios. Porque ahora no lo son. Ahora, en 2022, el racismo sigue siendo un tema tabú del que da mucho miedo hablar, un tema que genera mucho dolor.

10. M. Gerehou, *Qué hace un negro como tú en un sitio como este*, Barcelona, Península, 2021.

Hablar sobre racismo genera dolor para las personas a quienes afecta esta lacra. Cuando hablamos sobre racismo, existe una tendencia generalizada a que quienes escuchan la historia —si son personas blancas sin perspectiva antirracista— nieguen nuestra experiencia. O la niegan o, peor aún, pretenden compararla con algo que les sucedió y que es a todas luces incomparable. Por lo tanto, nos resulta extenuante hablar sobre racismo. Incluso a mí, por supuesto. Sé que mis experiencias serán menospreciadas. Tendré que oír de nuevo que tengo la piel muy fina o que hablo desde el resentimiento en lugar de hacerlo desde el agradecimiento; porque, claro, debería estar agradecida. No sé muy bien por qué, pero hay personas que creen que debería estar agradecida. Sé que, si señalo un comentario racista, la persona a quien se lo he señalado lo negará, se quejará de que soy muy susceptible, de que veo racismo en todas partes —y que, si soy yo la única que ve racismo en todas partes, tal vez la racista sea yo—; y si hay otras personas presenciando la conversación, difícilmente alguna de ellas se pondrá claramente de mi lado; negarán, mirarán hacia otro lado y esperarán a que termine la conversación y la incomodidad o, si pueden, abandonarán ese espacio. Y quien será percibida como problemática seré yo por haber señalado un comentario racista. No se pondrá el foco en lo problemático que resulta haber hecho un comentario racista.

Y para las personas blancas o con privilegio blanco tampoco es fácil hablar sobre racismo. Me escriben algunas personas que me dicen que no hablan porque les da miedo equivocarse. No quieren ser fuente de dolor si dicen algo inapropiado. Y lo entiendo perfectamente. Sin embargo, no podemos excusarnos en esto para dejar de hacer el trabajo que nos toca hacer, si realmente somos personas que luchamos por la justicia social y el fin del racismo. Es curioso, porque, cuando se trata de psicología positiva y mensajes tipo «Mr. Wonderful», una infinidad de personas conectan con frases como «Hazlo. Y si te da miedo, hazlo con miedo». Nos creemos todos esos mensajes de revistas sobre mente sana y psicología que dicen que la mejor forma de vencer los miedos es enfrentándose a ellos. Pero con el racismo no funciona. La gente siente miedo y decide mantenerse al margen. Pues aprovechando que estás leyendo este libro, te conmino a que apliques también esta máxima a tu alianza antirracista.

También es cierto que vivimos en sociedades en las que el error, la equivocación y el fracaso tienen muy mala fama. Sin embargo, son parte del proceso natural del aprendizaje. Es imposible aprender si no hay disposición a asumir que nos equivocaremos. Nadie nace sabiéndolo todo. Es materialmente imposible. Por lo tanto, hay que asumir que meteremos la pata. Pero no por ello hay que dejar de hablar. Ni de aprender.

Además, es que, si no nos acostumbramos a convertir el racismo en un tema habitual de conversación, sucede que nos limitamos a hablar del tema en escenarios muy limitados. Por una parte, solo se habla de racismo cuando sucede una tragedia a la que se le da difusión internacional, como la muerte de George Floyd. Pero como no hablamos más sobre racismo, y, como decía unos párrafos atrás, no entendemos que en España el racismo se manifiesta de otras formas, condenamos el asesinato de George Floyd en Minneapolis, pero no prestamos atención a la masacre de Melilla[11] ni a la tragedia del Tarajal.[12] Y, por otra parte, solo se aborda el racismo cotidiano cuando se señala una conducta o comentario racista. Y hay tan poca costumbre de gestionar estos señalamientos que, de nuevo, quien se considera buena persona se ofende porque le han llamado la atención por hacer un comentario racista. Ahí se desvía la conversación, y quien termina teniendo que justificarse es la persona que, desde su conciencia antirracista, señaló el comentario, en lugar de que la persona que hizo el comentario racista reflexione sobre sus palabras, para no volver a repetirlas y no seguir generando dolor con esa clase de expresiones.

Así que yo puedo dejar de hablar de racismo, pero eso no hará que dejen de encerrar a personas migrantes en los CIE ni que dejen de violentar al colectivo de menores no acompañados. Puedo dejar de hablar de racismo y seguirán sucediendo tragedias en la frontera sur. Yo puedo dejar de hablar de racismo, por supuesto, pero seguirá existiendo un sesgo discriminatorio en el acceso a ofertas de

11. Africa Eye, E. Thomas y A. Walker, «Investigación BBC: cómo la policía española vio y no impidió que decenas de migrantes murieran en su frontera con Marruecos», *bbc.com*, 2 de noviembre de 2022. Disponible en: <https://link.desireebela.com/masacre-melilla>.

12. CEAR, Comisión Española de Ayuda al Refugiado, «Caso Tarajal: 15 muertes y siete años de impunidad», 2021. Disponible en: <https://link.desireebela.com/caso-tarajal>.

trabajo que interfiere negativamente en las candidaturas de las personas descendientes de migrantes.[13]

Sí, yo puedo dejar de hablar de racismo, pero eso no impedirá que cuando salga a la calle, alguien me grite «negra de mierda» o que me vuelva a «mi país». Así que tal vez, solo tal vez, lo que hay que hacer es hablar cada vez más de racismo para comprender sus dinámicas y sus manifestaciones. Y entender que la educación antirracista nos pone en alerta para detectar todas estas reacciones que aceptamos como normales, solo porque forman parte de la norma, pero que, sin embargo, dejan fuera a mucha gente que no está dentro de dicha norma. Piénsalo.

Todo esto que te acabo de contar es lo que da sentido a que ahora tengas entre tus manos este libro. Es fruto de reflexiones que quiero compartir contigo para ayudarte a comprender la discriminación racial desde una perspectiva que posiblemente sea novedosa para ti. Recuerda: que sea nueva para ti y no la hayas oído nunca solo significa eso: que es nueva para ti; pero no hace esta perspectiva menos válida y menos cierta solo porque tú la desconocieras hasta ahora. Tenlo presente durante toda la lectura.

Este libro surge, en parte, de una sesión gratuita que vengo ofreciendo desde 2020, por la que han pasado varios miles de personas y que se titula igual que este libro, «Ponte a punto para el antirracismo». En esa sesión gra-

13. R. Aparicio Gómeza y D. Rodríguez Azcárate, *Aproximación empírica a la discriminación de los hijos de inmigrantes en el mercado laboral*, Observatorio Español del Racismo y la Xenofobia, 2022. Disponible en: <https://link.desireebela.com/oberaxe-trabajo>.

tuita ofrezco cinco consejos fáciles y de rápida implementación para personas que quieran aproximarse al activismo antirracista, y ofrezco consejos que me gustaría que me hubiesen dado a mí misma. Fruto de esa sesión gratuita nace este libro, en el que reúno para ti conceptos y reflexiones que considero necesario conocer para comprender mejor de qué hablamos cuando hablamos de racismo, qué significa ser antirracista, así como en qué se diferencia ser antirracista de no ser racista, y, en definitiva, qué se espera de ti en términos antirracistas. Por eso te hablaré de conceptos y cuestiones que necesitas conocer, o que ya conoces pero necesitas reformular.

También espero que este libro te ayude a pasar a la acción. Por eso incluye una parte más práctica, relacionada con lo que se espera de ti en términos antirracistas, tal como adelantaba más arriba. Es frecuente que se me acerquen personas, o me escriban a través de las redes sociales, y me pregunten qué es lo que tienen que hacer, cómo pueden «ayudar». Bien, pues también hablaremos de si se trata de ayudar o no, y de cómo puedes hacerlo.

Sé que este libro, sobre todo si eres una persona blanca, te escocerá. Sé que puede despertarte emociones de ira, rabia y enfado —incluso puede que ya haya sucedido— y eso está bien, de verdad. Pero no escribo este libro para que tú te sientas bien. Lo escribo para que entiendas qué consecuencias tiene la existencia de estas injusticias raciales; así que no pretendo que te guste: pretendo que te sirva. Con esa intención te invito a que leas estas páginas con la mente y el corazón abiertos. Te invito a que las leas con valentía. Te invito también a que me dejes acompañarte hasta el final del libro y que, por más que a ratos te enfades tanto conmigo que desees dejar de leer, te des —y me des a mí también— la oportunidad de llegar al final de la lectura. Lo que pase luego, te lo dejo a ti.

¿Empezamos?

2

Supremacía, privilegio y fragilidad blancas

Empecemos por el principio. Porque yo creo que todo esto se explica mejor si empezamos por aquí. Y empezar por el principio implica hablar de cuestiones que el antirracismo trata, y que están relacionadas con las personas blancas. Hablo de la supremacía blanca.

Creo que es una de esas expresiones tabú. Cuando se habla de supremacía blanca, aparece el miedo. ¿Por qué? Porque en nuestra primera infancia, se nos enseñó a vincular la supremacía blanca... ¿con qué? Con la extrema derecha, con los *skinheads* neonazis y con la violencia ejercida por estos grupos. Ese aprendizaje de nuestros primeros años se ve reforzado institucionalmente, y de forma especialmente intensa, desde los medios de comunicación y desde las industrias televisiva y cinematográfica. Sin embargo, eso solo es la punta del iceberg, porque la supremacía blanca además de todo lo dicho, está conformada por muchas otras facetas. Facetas tan invisibles a los ojos de las personas blancas que, al no ser capaces de registrarlas, las dan por inexistentes.

La supremacía blanca es un sistema de explotación y opresión de continentes, naciones y pueblos de otros grupos étnicos, predominantemente situados en el hemisferio sur. Este sistema de explotación y opresión está perpetuado institucionalmente, y con una base histórica, por parte de los estados nación blancos del continente europeo y norteamericano, con el fin de mantener y defender un sistema de riqueza, poder y privilegio que ha construido las sociedades y los estilos de vida actuales.

Hablar de supremacía blanca genera resistencia. Mucha resistencia. Creo que hay gente que preferiría ponerse delante de un espejo y decir cinco veces «Candyman»[14] antes que pronunciar una sola vez la expresión «supremacía blanca».

Existe un número significativo de personas blancas que no se sienten cómodas con el uso de este concepto. Conciben la cuestión de la supremacía blanca como un problema de prejuicios y de actos de discriminación individuales o, en todo caso, de grupos blancos nacionalistas que difunden discursos de odio y amenazas, como ya te he dicho. De nuevo, desde esta perspectiva, la supremacía se entiende como algo que atañe a malas personas y, en una reacción motivada por la fragilidad blanca, de la que hablaré más adelante, la supremacía se convierte en una cuestión moral. Y cuando popularmente las masas

14. *Candyman: El dominio de la mente* es una película de terror de 1992 dirigida por Bernard Rose en la que se cuenta la leyenda de Candyman, a quien se puede invocar diciendo su nombre cinco veces frente a un espejo.

relacionan la supremacía con los neonazis, el KKK o la violencia más explícita, es muy fácil decir: «Sí, esto de la supremacía blanca es algo propio de personas realmente detestables y viles. Y, como yo no soy tan detestable ni tan vil, no soy una persona supremacista».

En realidad, la supremacía es algo mucho más cotidiano de lo que el común de los mortales suele pensar. Hay que tener muy claro que la supremacía blanca no es otra cosa que una estructura. Para la sociología, la supremacía blanca es un término muy descriptivo de la cultura en la que vivimos. Define una cultura que sitúa a las personas blancas, y a todo lo que se asocia con ellas (la blanquitud, el privilegio blanco), como un ideal. Por eso es necesario pensar en la supremacía blanca como un sistema. Hay que entenderla como una red que conecta instituciones que operan reforzándose unas a otras constantemente con la intención de mantener a las personas blancas en una posición central: política, economía, cultura, educación, sanidad, leyes, cuerpos policiales y militares y demás instituciones. Es decir que, en cuanto sistema, la supremacía está presente en todos los ámbitos de la vida.

La supremacía blanca ocupa una posición de centralidad que lo abarca todo. Desde ahí, plantea la supuesta superioridad de las personas definidas y percibidas como blancas, y de todas las prácticas basadas en esta suposición. La supremacía blanca se funda simplemente en la idea de que las personas blancas son superiores a las personas de otros grupos étnicos. Y son mejores en todo: su sistema político es mejor, su cultura y sus tradiciones son las correctas, su cosmovisión del mundo es la adecuada y sus lenguas e idiomas son los que deben aprenderse a escala global. Además, existe una premisa más profunda que respalda esta idea: la supremacía blanca se basa en que, como las personas blancas son el estándar, las personas de otros grupos raciales son una desviación de ese estándar y, por lo tanto, están en el margen o en la ilegalidad, lo que nos aboca a la deshumanización constante y a que tengamos que justificar continuamente nuestra humanidad, que somos personas.

Cuando hablo de que las personas racializadas están abocadas a la deshumanización, pienso sobre todo en el colectivo de menores no acompañados. Los mal llamados «menas». Este grupo en particular se ve sometido a una deshumanización constante. Dicha deshumanización se ha visto reforzada por la imagen que ofrecen los medios de comunicación. Al relacionar continuamente a estas personas con actos delictivos, una parte significativa de la ciudadanía española las percibe como un peligro para la sociedad. Eso, sumado a la instrumentalización de los partidos políticos de la derecha y la extrema derecha, extendiendo el bulo de que un adolescente en situación de desamparo llega a cobrar una ayuda del Gobierno por un importe mayor que el de la mayoría de las prestaciones, se ha convertido en el caldo de cultivo perfecto para difundir un sentimiento de odio visceral.

Así, cuando en 2019 se produjo un ataque por parte de la sociedad civil a un centro de menores de El Masnou (Barcelona),[15] se propagó la creencia de que se lo tenían

15. «Asalto xenófobo a un centro de acogida de menores migrantes en El Masnou», *eldiario.es Cataluña*, 5 de julio de 2019. Disponible en

merecido. Por delincuentes. Esta deshumanización hace que la gente se olvide de que estamos hablando de personas menores de edad que se encuentran en un país diferente al suyo sin contar con el apoyo ni el acompañamiento de personas adultas de su familia, y que acaban en una institución. Que se olvide, asimismo, que, siendo como son menores de edad, deberían gozar de la protección necesaria para que pudieran contar con que, aunque estén lejos de su hogar y de su familia, alguien les prodigara los cuidados que necesitan. Sin embargo, la realidad de estas personas está más en consonancia con lo que explica Safia El Aaddam en su novela *Hija de inmigrantes*.[16]

Con la justificación de nuestra humanidad pasa exactamente lo mismo. De nuevo son los medios de comunicación los que nos impelen a recordarles que un inmigrante, antes que persona migrante, que es una condición transitoria, es una persona a secas. Pero parece que para los medios no es así. Y así lo demuestran cada vez que publican un titular de este estilo:

- «Un inmigrante senegalés salva la vida a un vecino de Denia atrapado en su casa en llamas».[17]

<https://link.desireebela.com/ataque-masnou> (consultado el 25 de diciembre 2022).

16. S. El Aaddam, *Hija de inmigrantes*, Madrid, Nube de Tinta, 2022.

17. Publicado en *Levante-EMV*, el 6 de diciembre de 2019. Disponible en <https://link.desireebela.com/inmigrante-denia> (consultado el 25 de diciembre de 2022).

- «Un inmigrante maliense salva la vida a una mujer enferma de alzhéimer al trepar por la fachada».[18]
- «Spiderman en París: un inmigrante salva en París a un niño que colgaba de un balcón».[19]

Parece que la condición de migrante de todos esos hombres no es compatible con ser hombres sin más, con ser personas. Con ser humanos. Y este es el efecto de la supremacía blanca: en esos titulares no es necesario especificar que el vecino, la mujer enferma de alzhéimer y el niño son blancos. Se da por sentado. En cambio, los inmigrantes están en una zona por debajo de la humanidad que impide que los titulares, en lugar de los que aparecieron publicados, puedan ser estos:

- «Un ciudadano senegalés salva la vida a un vecino de Denia atrapado en su casa en llamas».
- «Un hombre maliense salva la vida a una mujer enferma de alzhéimer al trepar por la fachada».
- «Un hombre salva en París a un niño que colgaba de un balcón».

No es tan difícil, en realidad. Sin embargo, impera una narrativa en la que se deja claro que las personas que han

18. Publicado en *20minutos*, el 7 de julio de 2020. Disponible en <https://link.desireebela.com/samba> (consultado el 25 de diciembre de 2022).

19. Publicado en *Diario de Navarra* (diariodenavarra.es), el 28 de mayo de 2018. Disponible en <https://link.desireebela.com/mamoudou> (consultado el 25 de diciembre de 2022).

migrado son y serán siempre inmigrantes. La supremacía blanca no les concederá la ciudadanía ni la humanidad, a menos que pongan en peligro su vida para salvar a una persona blanca. En ese caso, no solo pasarán a tener nombre y apellido, sino que serán premiados, como en el caso de Mamoudou Gassama, que salvó al niño en París, y se le concedió la nacionalidad francesa; pero para ello tuvo que demostrar que estaba dispuesto a dar su vida por salvar una vida blanca. Como si las vidas blancas importaran más.

Pienso que estos ejemplos dejan claro a qué me refiero con lo de que la supremacía blanca deshumaniza a las personas racializadas y pone en el centro a las personas blancas.

Y una vez dicho esto, sigamos avanzando.

En el ámbito académico no se usa el término «supremacía blanca» de la misma forma que se usa popularmente. Como ya he comentado antes, se emplea para hacer referencia a un sistema sociopolítico y económico de dominación basado en jerarquías raciales que benefician a quienes se definen y se perciben como personas blancas. Este sistema se basa en la acumulación de poder estructural, tanto a lo largo de la historia como en la actualidad, que privilegia, centraliza y eleva a las personas blancas como grupo, en detrimento de todas las demás.

Por eso me parece importante empezar hablando de la supremacía blanca. Porque esta estructura interpela directamente a las personas blancas. Cuando se plantea la supremacía blanca como un sistema, no hay posibilidad de que las personas blancas digan «esto no tiene nada que ver conmigo», por lo demás un argumento muy manido cuando se habla de racismo. Ahora no estamos hablando de racismo, hablamos de este sistema construido alrededor de un centro ocupado por las personas blancas. Y este tema sí que tiene que ver con todas y cada una de las personas blancas. De ahí mi interés en hablar de las implicaciones globales de la supremacía blanca, para que las conozcas.

¿Por qué aludo a implicaciones globales? Porque, si bien el grupo racial o étnico dominante en otras culturas puede no ser blanco, sí existe una dimensión global de la supremacía blanca. La supremacía blanca ha circulado —y sigue circulando— globalmente a través de los medios de comunicación, la cultura corporativa, la publicidad, el imperialismo estadounidense, la presencia militar, las relaciones colonialistas históricas y la instauración de las misiones, entre otras instancias.

Una de las formas más eficaces de difundir esta supremacía es a través de las representaciones de los medios de comunicación, que causan un fuerte impacto en la forma en que se percibe y se explica el mundo. Además del papel que los medios desempeñan en la vida moderna, las industrias cinematográfica y televisiva también dan forma a nuestras ideas sobre el amor, el conflicto, la familia, la amistad, la sexualidad, la criminalidad, la pertenencia y la otredad. Y esas representaciones de la otredad que nos ofrecen a través de sus plataformas resultan problemáticas, porque construyen la otredad de forma unidimensional y simplista. Muchas veces no somos conscientes, pero esa construcción influye en nuestras creencias. Así que cuanto más consumimos estas representaciones, más se perpetúan las creencias que transmiten.

Estas representaciones de la otredad se hacen desde una perspectiva eurooccidental, y ofrecen un imaginario muy concreto acerca de las personas provenientes de otras latitudes. Un ejemplo muy claro en el que se habla de cuán dañino es ese imaginario es la performance *El silencio de la fiera*, de Sònia Masuda Mora. En esta pieza, Masuda denuncia cómo en las películas, a la mujer asiática se la retrata repetidamente como una mujer misteriosa, que no habla nunca. A fuerza de ver películas y más películas en las que a las mujeres asiáticas no se les dan papeles protagónicos en los que hablen y se expliquen, el imaginario se va perpetuando. Inconscientemente, las personas no asiáticas esperan que cualquier mujer asiática a la que conocen tenga ese halo misterioso que tanto han visto en la ficción. Eso es cruel e injusto. Y sin embargo esta creencia sigue vigente, fruto del imaginario que la supremacía blanca crea sobre otros cuerpos.

* * *

Uno de los problemas que presenta la supremacía blanca es que, mientras otros sistemas de opresión se identifican y se analizan, la supremacía permanece invisible y es nombrada en muy pocas ocasiones. Consecuentemente, y en tanto que permanece invisible, se genera una tendencia socialmente aceptada por la mayoría que atribuye la situación de los grupos oprimidos a unas características grupales basadas en prejuicios.

Detente ahora un momento y completa estas frases con lo primero que te venga a la mente:

- «Los gitanos son...».
- «Los moros son...».

Por norma general, esas frases se completan con una serie de calificativos —generalmente negativos— y que se han ido propagando desde esa mirada blanca eurocéntrica y occidental que alteriza a las personas racializadas. Las frases que se completan con esos calificativos negativos están basadas en la idea de que las personas de estos grupos raciales y étnicos no prosperan porque son vagos, o porque se autoexcluyen y no quieren formar parte de la sociedad. Se suele creer que no siguen los procesos de integración que se espera que sigan. En consecuencia, como no encajan, todo lo malo que les sucede está justificado. Y es culpa suya, por supuesto. Cuando se hacen estas afirmaciones —«los negros son...»— se piensa que las personas de estas comunidades son enteramente responsables de su suerte. No se contempla la posibilidad de que su situación de marginadas o la discriminación racial que padecen se deba a otra cosa que no sean sus propias acciones. Y esta es la *magia* de la supremacía blanca: responsabilizar a los grupos minorizados de sus propias dificultades.

Gran parte del poder de la supremacía blanca se basa en su invisibilidad. Si no se puede nombrar, no se puede identificar, y como no se puede identificar, no se puede desmantelar. Por lo tanto, mientras las personas blancas no se acostumbren a hablar de supremacía blanca, entendiéndola como el sistema que es, no avanzaremos. Es necesario tomar conciencia de ello y, desde ahí, trabajar para eliminar las consecuencias negativas que comporta. Con esta finalidad, y para terminar de hablar de la supremacía blanca, quisiera plantear algunos retos que es necesario afrontar para poder desmantelar este sistema imperante.

Nombrar la supremacía blanca cambia la conversación. Traslada el problema a las personas blancas. Y está bien que sea así, porque, en realidad, es ahí donde se halla su origen. Poner el foco en la supremacía blanca también contribuye a señalar la dirección del trabajo a largo plazo que deben asumir las personas blancas, afrontando que son cómplices y a la vez se benefician de la perpetuación del racismo. Este es un trabajo que todas las personas blancas deben hacer, incluso las personas de izquierdas que militan en organizaciones en favor de la justicia social, ya que todas las personas blancas han sido moldeadas por la supremacía blanca incrustada culturalmente, en el momento en que han sido criadas y educadas en sociedades mayoritariamente blancas.

Las últimas veces que he sido invitada a eventos, mesas redondas y jornadas por organizaciones no gubernamentales *del mundo* o *sin fronteras*, que me han pedido que hablase sobre cómo me afecta el racismo en mi día a día, he propuesto ese cambio de la conversación hacia la supremacía blanca. Y lo he hecho porque, si no, pasan varias cosas que necesito que dejen de pasar cuando estas oenegés nos piden a personas negras que compartamos *anécdotas* sobre cómo el racismo atraviesa nuestras vidas.

El pasado mes de marzo de 2022, me invitaron a participar en el acto institucional del día internacional de las mujeres organizado por el departamento de Feminismos e Igualdad de la Generalitat de Catalunya. Una de las preguntas que me hizo Ana Polo, una de las presentadoras del evento, fue cuándo fue la última vez que me habían tocado el pelo sin permiso. Antes de empezar el acto, le expliqué que no iba a responder a esa pregunta, y que iba a aprovechar para plantear una reflexión. Y allí, delante del *president* de la Generalitat, del resto de los miembros del Govern y de todas las personas invitadas, expliqué que me negaba a hablar de cuándo había sido la última vez que me habían tocado el pelo porque no consideraba que aportase nada y porque estaba cansada de que, si lo explicaba, sucediera esto, que es lo que sucede cada vez que tengo que explicar cuándo fue la última vez que viví un acto racista:

- Nuestras experiencias vitales se ven reducidas a meras anécdotas. Algo que nos afecta porque genera situaciones de discriminación y violencia de forma constante se pretende presentar como un hecho aislado que, además, debe ser compartido ante una audiencia mayoritariamente blanca. Se nos pide que expongamos situaciones que pueden ser traumáticas para nosotras, a fin de que las personas blancas aprendan. Me niego a seguir perpetuando la pornografía de mi sufrimiento al servicio del aprendizaje de las personas blancas. Me niego rotundamente a que mi dolor sea el espacio del que las personas blancas aprendan. Así que ya no comparto más *anécdotas.*

- Las personas blancas de la audiencia, cuando escuchan esas mal llamadas anécdotas sienten pena. Y, de verdad, es que yo no tengo ninguna necesidad de que una persona blanca me compadezca, ni de que, una vez concluido el evento, se acerque a decirme con cara de lástima «¡qué injusto es todo esto!», como si esas palabras sirvieran de algo. Y no. No sirven absolutamente para nada.
- Después de que el evento se haya terminado, esas personas llegan a su casa y cambian el chip. Vuelven a su cotidianeidad y se olvidan de que una hora antes habían estado sintiendo pena por lo injusto que es que las personas negras suframos episodios de racismo. Desconectan. Pueden permitirse el lujo de desconectar porque la violencia y la discriminación racial no es algo que tenga un impacto en sus vidas. Así que, al día siguiente, o a la semana siguiente, puede que se hayan olvidado de esas historias que escucharon sobre cómo el racismo me hace la vida más difícil. Y eso, como decía más arriba, no sirve para nada.

Imagina que una mujer tuviera que estar delante de una audiencia formada mayoritariamente por hombres. Imagina que alguien le preguntase «¿cuándo fue la última vez que sufriste un episodio de violencia machista? ¿Nos lo puedes contar?». De hecho, eso no sucede cuando se organizan mesas redondas sobre feminismos. En las mesas sobre feminismos se discuten otras cuestiones. A ninguna mujer le preguntan cuándo fue la última vez que vivió un episodio de acoso callejero. No nos parecería correcto. En cambio, nadie se cuestiona si es correcto o no preguntarle a una persona racializada cuándo fue la última vez que sufrió un episodio de violencia racista. Nadie cuestiona si está bien o mal reducir a una persona racializada al conjunto de situaciones violentas que ha vivido. De nuevo, la supremacía decide quiénes hablan sobre los temas importantes de verdad, quién aporta el conocimiento, y quién aporta las anécdotas.

Por eso quiero hablar sobre supremacía con personas blancas. Porque quiero que tú, si eres una persona blanca, tomes conciencia de que formas parte de un sistema que permite que tanto yo como otras personas negras y de otros orígenes étnicos y raciales estemos afrontando constantemente situaciones de discriminación racial. Y además de que tomes conciencia de que formas parte de ese sistema, *necesito* que pienses en cómo tú, con tus actos diarios, contribuyes a perpetuar o a desmantelar ese sistema que nos hace difícil la vida a mí y a un montón de personas con las que te cruzas todos los días y de cuyas dificultades no eres consciente. Esa es la conversación que quiero que tengamos. Esta es la conversación que te invito a que tengas con otras personas blancas, dejando a las personas racializadas al margen. Es hora de que estas conversaciones empiecen a tener lugar.

* * *

Las últimas investigaciones sobre sesgos implícitos demuestran que todas las personas tienen prejuicios raciales, que la mayoría no son conscientes de ello y que dichos prejuicios se reflejan en nuestras acciones. Debido a que las personas blancas controlan las instituciones, ese sesgo racial ha arraigado, ha inoculado al conjunto de la sociedad y funciona en beneficio de todas las personas blancas, independientemente de sus intenciones, su buena conciencia o su autoimagen. Así que la tarea de las personas blancas no es alejarse del impacto de todos estos condicionantes, sino tratar de identificar en todo momento cómo estas fuerzas moldean y se manifiestan en sus vidas, e interrumpir esas manifestaciones.

Por lo que respecta al compromiso social, otro de los retos consiste en lograr que más personas blancas se involucren. Si tú, que me lees, eres una persona blanca, necesito que entiendas que el racismo es una opresión creada y ejercida por las personas blancas, así que, en efecto, es un problema de personas blancas. Siempre lo ha sido. Por eso tienes que involucrarte. Y esto requiere una participación muy activa, tanto tuya, como de aquellas personas blancas que ya se significan contra el racismo, porque sus discursos han sido más legitimados que los de las personas negras, precisamente bajo el prisma de esa misma supremacía blanca. Esto es algo que sucede mucho en redes sociales.

Y aun consiguiendo este compromiso social, hay que tener mucho cuidado de no caer en la fragilidad blanca, de la que te hablaré más adelante en este mismo capítulo. Y también hay que estar ojo avizor para que ese compromiso no derive en conductas de salvación blanca; pero no quiero entrar en ello ahora. Después de hablar sobre la supremacía blanca, ahora nos centraremos en el privilegio blanco.

El privilegio blanco es una hipótesis que plantea la existencia de un privilegio social que beneficia a las personas blancas, sobre todo en países mayoritariamente blancos, en comparación con lo que suelen experimentar las personas de otros grupos raciales en las mismas circunstancias sociales, políticas y/o económicas. Se trata de un concepto utilizado para analizar cómo el racismo y las sociedades jerarquizadas racialmente juega en favor de las vidas de las personas blancas o de piel blanca. Se trata de una teoría expuesta por la académica y activista Peggy MacIntosh.

Peggy McIntosh definió el privilegio blanco como «un paquete invisible de activos no ganados que podía contar con cobrar todos los días, pero del que estaba destinado a permanecer inconsciente. El privilegio blanco es como una mochila invisible e ingrávida de provisiones especiales, mapas, pasaportes, libros de códigos, visas, ropa, herramientas y cheques en blanco». MacIntosh continúa diciendo: «Ver esto, que me enseñaron a no ver, me hizo revisar mi visión de mí misma, y también de la pretensión de Estados Unidos de ser una democracia en la que se recompensa el mérito y los resultados de la vida están directamente relacionados con el merecimiento».[20]

El privilegio blanco se puede definir como el conjunto de ventajas sociales implícitas otorgadas a las personas blancas en detrimento de las personas que experimentan el racismo. Desde este punto de vista, «el privilegio blan-

20. P. Macintosh, *White privilege: Unpacking the Invisible Knapsack*, Universidad de Maryland, 1989. Disponible en <https://link.desireebela.com/peggy-mcintosh> (consultado el 27 de diciembre 2022).

co es un conjunto institucional (en lugar de personal) de beneficios otorgados a quienes, por raza, son iguales o se parecen a las personas que dominan las posiciones de poder en nuestras instituciones». Exime de sospechas, prejuicios y otros comportamientos negativos que en cambio sí experimentan las personas que son objeto de racismo. Estas ventajas existen porque forman parte de los sistemas de privilegio y opresión, pero no tienen nada que ver con el mérito.

Para ser más conscientes de lo que implica el privilegio blanco, es importante pensar y ver la sociedad como un ente sistémico y estructural. Es decir, no hay que pensar solo en términos de personas que toman decisiones individuales o actúan de forma separada o excepcional. Esta perspectiva sistémica permite identificar más fácilmente a las personas que, debido a este privilegio, obtienen ventajas no ganadas dentro de dicha estructura o sistema. El hecho de que un sistema o una institución sociopolítica otorgue privilegios y ventajas inmerecidas a las personas que constituyen la mayoría de la población, o representan a quienes ostentan el poder político, se conoce como racismo institucional.

Otra cosa muy importante que debemos tener en cuenta cuando hablamos de este fenómeno es que no es necesario considerarse racista para beneficiarse del privilegio blanco. El privilegio otorga ventajas invisibles a las personas blancas o a aquellas personas de otros grupos raciales que son percibidas como personas blancas. Y, como decía Peggy Mcintosh, son tan invisibles para las personas que detentan ese privilegio, que se da por hecho que todo el mundo goza de ellas. En consecuencia, aunque tú seas una persona blanca y te consideres no racista, incluso si te consideras antirracista, gozas igualmente de esos privilegios. Lo vamos a ver a continuación.

Es importante que entiendas cuáles son las manifestaciones del privilegio y cómo operan, que es de tres formas distintas:

- El privilegio blanco otorga recompensas a las personas blancas. Esas recompensas generan un sentimiento de legitimidad, porque la blanquitud se convierte en la norma. Las recompensas de las que hablo pueden resultar tan inadvertidas para las personas blancas como encontrar en el mercado tiritas de su mismo tono de piel o similar, o ir a un hotel y poder usar el champú y el acondicionador que incluyen los *amenities*.
- El privilegio blanco crea ventajas palpables y mesurables, como el hecho de que una persona blanca tenga más facilidades para contratar productos financieros que una persona que no lo sea. Esto, evidentemente, genera disparidades en el tema habitacional y de vivienda. O en el ámbito laboral, puesto que una persona de un grupo racial minorizado puede tener más problemas a la hora de conseguir un empleo, debido a que encuentra más dificultades a la hora de integrarse laboralmente.[21]

21. R. Mahía Casado y E. Medina Moral, *Informe sobre la integración de la Población Extranjera en el Mercado Laboral Español*, Minis-

- El privilegio blanco da forma al modo en que se explica la historia. Todo lo que se aprende en el sistema educativo se centra en personas blancas y se ha escrito y contado desde su perspectiva. Y, en consecuencia, los aportes de las personas de otras latitudes, sobre todo de los territorios del hemisferio sur, quedan invisibilizados.

Pero hablemos de más cuestiones que hacen patente el privilegio blanco y en las que la mayoría de las personas blancas no reparan, porque sienten que es *lo normal.* Si eres una persona blanca, intenta leer con la mirada —y el corazón— abierta, pues, aunque para ti estas cuestiones sean insignificantes, para otras muchas personas no lo son, y suponen un esfuerzo adicional o una situación de peligro. Que tú no lo percibas solo significa que no afecta a tu existencia ni la dificulta; pero tu existencia es diferente de la del resto.

Pasar la mayor parte del tiempo con personas de tu mismo grupo racial es una condición propia del privilegio

---

terio de Inclusión, Seguridad Social y Migraciones, 2022. Disponible en <https://link.desireebela.com/oberaxe-acceso-trabajo> (consultado el 27 de diciembre 2022). Aunque este informe resulta interesante, ten en cuenta que solo habla de población extranjera. No olvides que hay personas españolas que son de otros orígenes étnicos y raciales y que también se encuentran con problemas y obstáculos a la hora de optar a un puesto de trabajo. Sin embargo, esa información no puede ser recogida, puesto que la Constitución española no permite elaborar censos por origen étnico y racial. Eso imposibilita saber el porcentaje de personas españolas racializadas que se han encontrado con casos de discriminación laboral en el acceso al empleo.

blanco. Es más: hay personas blancas que solo se relacionan con personas blancas y que, sin ser conscientes de ello, viven en un mundo bastante segregado sin que crean que viven en un mundo segregado.

Me di cuenta de ello cuando, hace poco, la madre de una compañera de mi hija me preguntó a qué me dedico. Le dije que imparto formación antirracista. Me miró sorprendida y me dijo: «¿Pero todavía hay racismo?». El hecho de que una persona blanca haga esa pregunta significa que vive en un mundo en el que no se relaciona ni trata con personas que sí ven su vida expuesta al racismo. Si el entorno de esta mujer está conformado en exclusiva por personas blancas, y el trato más frecuente que tiene con personas negras es conmigo, una vez por semana durante un encuentro deportivo, es lógico que crea que el racismo es algo del pasado. Porque nadie, en su entorno de personas blancas, lo experimenta. O sea, que ella puede vivir la mayor parte de su tiempo rodeada de personas blancas sin darse cuenta de ello y asumiéndolo como *normal*.

Las personas de otros grupos raciales tratan mucho menos tiempo con personas de su grupo racial o de otros grupos raciales minorizados. Eso genera un desgaste mental y emocional constante. Porque sitúa a las personas en un espacio de incomodidad en el que pueden ser percibidas como recién llegadas, o pueden verse forzadas a estar en alerta constante por si se produce una situación racista. O tener que estar siempre dando explicaciones para aclarar su origen o el país de procedencia de su familia.

Más situaciones de privilegio blanco: si eres una persona blanca, puedes ir a comprar sin que nadie te siga por la tienda, sin que te pidan que enseñes el bolso o la mochila a la salida. Estoy hablando de que no te consideren una persona sospechosa. Porque la blanquitud no solo establece la norma, sino también la legalidad.

Esta situación es muy habitual, y quema mucho a las personas que no gozamos del privilegio blanco. No tener que responder a la pregunta «¿de dónde eres?» a personas desconocidas que en realidad no quieren saber nada de ti, sino que justifiques por qué estás aquí siendo una persona de otro origen, también es una situación de privilegio blanco.

Ser una persona con más melanina en la piel ya es motivo suficiente para que las personas blancas sientan la necesidad de hacerte esa pregunta. Y lo que es peor: sienten que tienen derecho a obtener una respuesta. Si en un grupo hay una persona negra española y una persona blanca de algún otro país, antes de que nadie diga nada, hay más probabilidades de que la persona negra deba responder a la pregunta. Si la persona blanca —pongamos que es alemana— no abre la boca y su acento o su desconocimiento del español no la ponen en evidencia, puede que nadie le pregunte nada.

Sigamos. Puede parecer insignificante, pero una persona con el pelo afro tiene dificultades para ser atendida en una peluquería que no sea especializada. Hay ciudades grandes en las que existen peluquerías gestionadas por personas afro, pero no puedes encontrarlas en todas. Eso aboca a muchas personas a tener que aprender a cuidarse el pelo por sí mismas con vídeos o tutoriales de You-

Tube, o a confiar en la red informal de mujeres negras que saben tratar el pelo afro... y eso en el caso de que exista esa red.

Las tiritas y el maquillaje también son una manifestación del privilegio blanco. Encontrar tiritas o maquillaje del mismo tono de piel o similar es una manifestación del privilegio blanco. De momento con las tiritas no hay nada que hacer, y en cuanto al maquillaje, aunque hay marcas que empiezan a ofrecer diferentes tonos, estos no sirven para muchas pieles, sobre todo para las más oscuras.

Las cuestiones del peinado y el maquillaje se complican si los tienes que delegar en otras personas. En 2019 varias actrices negras denunciaron el hecho de que, en los sets de rodaje, las profesionales dedicadas a peluquería y maquillaje no tenían la formación necesaria para maquillarlas y peinarlas.[22]

Encontrar representación quiere decir que la mayoría de los libros, hasta los cuentos infantiles, están protagonizados por personas blancas. Que las películas y las series están protagonizadas con diferencia por personas blancas, que los juguetes y las muñecas y muñecos personifican mayormente a personas blancas. Que las revistas, sean del tipo que sean, excepto el National Geographic, están escritas y tratan noticias sobre personas blancas.

22. C. D. Meléndez, «La odisea de tener un pelo afro y ser actriz: levantarse horas antes que los compañeros para peinarse ellas mismas», *20minutos*, 12 de febrero de 2021. Disponible en <https://link.desireebela.com/actrices-negras> (consultado el 27 de diciembre 2022).

Las personas responsables de los establecimientos son blancas la mayor parte de las veces. No solo en el sistema educativo, sino también en la mayoría de las actividades extraescolares y extracurriculares.

Casi todas las personas del entorno laboral son blancas. Y no solo del entorno laboral próximo. También en el sector profesional en general. Hay muchísimos sectores de actividad en los que la presencia de personas afro es anecdótica, cuando no inexistente.

Saber que la persona responsable en un establecimiento es blanca también es un privilegio. Una persona afro o de otro origen étnico o racial sabe que en pocas ocasiones tratará con una persona responsable que se parezca a ella. Y eso, en el caso de que surja algún problema, añade una carga emocional y mental, ya que la persona a la que tenga que enfrentarse puede albergar prejuicios con respecto a las personas afro y, desde su posición de poder, tratarlas injustamente.

Ahora que ya hemos visto algunas manifestaciones —y me gustaría que si se te ocurren más las anotases—, hablaré de aquellas situaciones en las que la manifestación del privilegio blanco puede resultar más incómoda.

En general, tener una buena relación con los cuerpos de seguridad es una de esas manifestaciones. Es un privilegio sentir que los cuerpos policiales y de seguridad están para protegerte. Esa no es la experiencia de las personas racializadas, para quienes un agente de policía puede ser fuente de peligro, con lo cual, el cuerpo reacciona poniéndose en alerta y somatizando esa alerta de distintas formas. Podemos irnos al extremo y recordar el trágico asesinato de George Floyd o de Breonna Taylor;[23] pero también podemos quedarnos en el Estado español y recuperar casos como el de Wuby, en una localidad de la provincia de Barcelona,[24] o recordar la muerte de Mame Mbaye, de la que Yos Piña habla en mi libro *Minorías*.

Tener un refuerzo positivo en la orientación escolar y académica también es parte del privilegio blanco. Sigue habiendo docentes que desalientan al alumnado afro de iniciar estudios universitarios, aduciendo que es mejor dedicarse a una profesión que estudiar una carrera. Sigue habiendo docentes que menosprecian al alumnado racializado en secundaria. La discriminación racial es un problema en las aulas, a pesar de que muchos equipos directivos de centros educativos se empeñen en negar que no existe.

Escapar de los estereotipos negativos y violentos que pesan sobre otros grupos raciales también se convierte en un privilegio. Esto pasa mucho con los atentados terroristas: si, por ejemplo, lo comete una persona musulmana, ya sabemos las inferencias que se hacen. Se habla de terrorismo islámico. Si es una persona negra, se hace referencia a los altos niveles de delincuencia entre la población afro. En cambio, si una persona blanca comete un acto terrorista, se buscan explicaciones que hagan referencia a su salud mental. A pesar de que en la historia moderna tradicional-

23. «Muerte de Breonna Taylor», *Wikipedia* (s.f.). Disponible en <https://link.desireebela.com/breonna-taylor> (consultado el 27 de diciembre 2022).

24. «“Eres un mono, negro de mierda”: graban los insultos racistas de un mosso», *El Periódico*, 15 de junio de 2020. Disponible en <https://link.desireebela.com/wubi> (consultado el 27 de diciembre 2022).

mente han sido las personas blancas occidentales las que han atentado sistemáticamente contra las vidas de las personas de otros grupos raciales.

Quizá una de las manifestaciones más significativas del poder y la prevalencia del privilegio y de la supremacía blanca sea que, aunque las personas afro y de otros grupos raciales tenemos una experiencia atravesada por el racismo, hemos estado luchando contra este desde su invención, quienes tienden a estar más asociadas con la educación del privilegio blanco y a tener un mayor reconocimiento tienden a ser personas blancas: Tim Wise, Robin DiAngelo, Paul Gorski, y, por supuesto, Peggy McIntosh, a quien ya he mencionado aquí. Esto es digno de mención, porque si hoy por hoy pasara lo mismo con el feminismo, por ejemplo, se armaría un gran revuelo. Como cuando se organizan mesas redondas para hablar de cuestiones relacionadas con mujeres y no hay mujeres profesionales ni expertas en esas mesas.

¿Qué sucede con el privilegio? Que las personas blancas no lo perciben como tal. Como son la norma, confunden este conjunto de ventajas con derechos adquiridos de los que, según su creencia, disfrutan todas las personas, pero no es así. Por eso hay que hablar del tema, de estas ventajas. Sin embargo, hablar de ello con personas blancas constituye una ardua tarea, porque a la que se menciona el racismo aparece la fragilidad blanca, de la que hablaremos a continuación.

La fragilidad blanca es un concepto acuñado por otra académica estadounidense, Robin DiAngelo, doctoranda en Educación Multicultural con especialidad en estudios de la blanquitud y análisis crítico del discurso de la raza. DiAngelo acuña el término a raíz de un artículo que ella misma publica en 2011 sobre raza e injusticia racial, titulado «White Fragility».[25] El término se hizo tan popular que empezó a utilizarse masivamente. DiAngelo describe la fragilidad blanca como «todo el rango de acciones, sentimientos y comportamientos defensivos, como la ira, el miedo y el silencio que las personas blancas manifiestan ante la incomodidad que les provoca mantener conversaciones sobre racismo».

Sin embargo, y como ya he comentado anteriormente, DiAngelo tiene el privilegio de capitalizar y beneficiarse en términos sociales, académicos y, por supuesto, económicos, de los aprendizajes que ella ha obtenido de los conocimientos de personas racializadas. Así que tal vez sería interesante que, cuando haya que hablar sobre racismo y antirracismo, las fuentes sean personas afro y de otros grupos raciales antes que personas blancas.

Si te estás preguntando por qué Robin DiAngelo no debería estar capitalizando el conocimiento sobre el antirracismo a su favor, bueno, hagamos la prueba con el feminismo, mal que me pese, porque es algo que no me gusta estar haciendo constantemente, pero... Vamos allá: ¿qué opina el feminismo sobre todos esos señores, académicos y escritores, que se dedican a escribir y a hablar sobre las mujeres o en nombre de las mujeres, y que han ganado

25. Robin DiAngelo, «White Fragility», *International Journal of Critical Pedagogy*, vol. 3, n.º 3, 2011, pp. 54-70. Disponible en <https://libjournal.uncg.edu/ijcp/article/viewFile/249/116>.

reconocimiento, autoridad y mucho dinero con ello? Resulta que ahí sí queda claro que están ocupando un espacio que no ocupan mujeres feministas con la misma o una mejor y más completa formación. Que están ocupando un espacio hablando de algo por lo que a las mujeres se las cuestiona y se las señala. Pues lo mismo con el antirracismo.

La fragilidad blanca difiere tanto del privilegio blanco como de la supremacía blanca. El privilegio blanco se refiere al hecho de que las personas blancas tienen ventajas en la sociedad que otros no tienen. La supremacía blanca es la creencia de que existe una jerarquía racial en la que las personas de piel blanca son superiores.

La fragilidad blanca está conformada por una variedad de comportamientos y emociones defensivas que pueden desarrollar las personas blancas ante factores estresantes raciales, esto es, en situaciones en las que el racismo entra en juego. Las personas blancas pueden actuar de distintas maneras cuando las personas negras y de otros orígenes étnicos hablan sobre racismo. Sus reacciones pueden incluir todas estas manifestaciones:

- ira o enfado
- miedo
- culpa
- discusiones
- silencio
- abandonar la situación

Hay personas que incluso pueden llegar al llanto. Al comportarse así, las personas blancas pueden evitar que las personas afro intenten hablar con ellas sobre el racismo.

Estas fuentes de estrés racial que acusan las personas blancas pueden provenir de diferentes situaciones. Por ejemplo, cuando una persona afirma que las opiniones de una persona blanca son racistas. También se puede dar cuando una persona afro habla sobre sus experiencias y perspectivas raciales; o cuando una persona afro no protege ni da prioridad a los sentimientos de una persona blanca en cuestiones relacionadas con el racismo. Otro escenario donde se puede manifestar la fragilidad es ante otra persona blanca con mayor conocimiento del racismo, que manifieste perspectivas diferentes sobre el tema. La fragilidad también puede aparecer cuando a una persona blanca se le señala que su comportamiento o acciones tuvieron un impacto racista. La fragilidad blanca puede hacer acto de presencia incluso si una persona blanca coincide con una persona afro que ostenta una posición de liderazgo o responsabilidad.

Si bien la fragilidad blanca no es racismo en sí, experimentarla puede contribuir a la perpetuación del racismo. Una persona blanca que se defiende, o argumenta en contra de la supremacía blanca, impide la posibilidad de mantener conversaciones conscientes y profundas sobre racismo con personas racializadas. Es decir, las personas que experimentan fragilidad blanca pueden no ser racistas, pero sus acciones, comportamientos y sentimientos pueden promover el racismo. Evitar hablar sobre los efectos de las jerarquías raciales con las que convivimos contribuye al racismo. Al ignorar conceptos como la supremacía blanca y el privilegio blanco, el racismo se sigue perpetuando.

Dado que las personas blancas no suelen experimentar el racismo de cerca ni de forma habitual, tienen dificultades para verlo, sentirlo o comprenderlo. Y ya te he comentado que esto es producto de la supremacía y del privilegio blancos. En el lado opuesto, a muchas personas afro y de otros orígenes sus progenitores o sus figuras de referencia, sobre todo si también son racializadas, las preparan para vivir como una minoría en una sociedad racista. Al carecer de esta comprensión y estas experiencias, las personas blancas carecen de lo que DiAngelo llama «resistencia racial». Sin embargo, las personas blancas pueden desarrollarla si empiezan a tener experiencias directas con personas racializadas y están dispuestas a entablar conversaciones a veces difíciles con estas.

La mayoría de las personas blancas viven en áreas segregadas, es decir, en zonas en las que prácticamente no hay personas que no sean blancas. En estas vidas segregadas, las personas blancas reciben poca información y educación sobre el racismo, ya que el sistema educativo no la proporciona, como hemos visto al hablar del privilegio blanco. Lo cual implica que a todas estas personas —al no tener formación— les puede resultar difícil pensar críticamente sobre el racismo. Y esto puede desembocar en la incapacidad de tener en cuenta las perspectivas de las personas en cuya vida el racismo tiene un impacto negativo.

Debido a la segregación, las personas blancas suelen presentar una tendencia a percibir una buena escuela o un buen vecindario como *blanco*. Aunque es probable que las discusiones sobre lo que hace que un espacio sea bueno estén racialmente sesgadas, habrá personas blancas que intentarán negar estas ideas.

Otro factor de la fragilidad blanca es la idea de que las personas blancas son solo personas, mientras que las personas de color pertenecen a una raza. Esto resulta indicativo de una visión individualista de las personas blancas frente al universalismo que se aplica a las personas de otros orígenes. Las personas blancas consideran que ellas mismas pueden representar a toda la humanidad, pero las personas negras, por ejemplo, solo pueden representar a su propio grupo racial y no a la humanidad en general.

Y aquí, dando una nueva vuelta de tuerca, nos encontramos con otro factor que puede ser representativo de la fragilidad blanca: el derecho a la comodidad racial, que se traduce en el hecho de que, aunque las personas blancas estén en contra del racismo, pueden negar la existencia del privilegio blanco sin darse cuenta de que, al oponerse al privilegio blanco, están contradiciendo su oposición al racismo.

Una persona blanca se siente cómoda viviendo en una sociedad predominantemente blanca, por lo que es probable que no vea la necesidad de cuestionar sus perspectivas sobre la raza. De esta forma, permaneciendo instaladas en esta comodidad, las personas con privilegio blanco procuran evitar abordar el racismo. Y, desde ahí, y con la poca educación que reciben para gestionar el racismo de una forma compleja, responsable y madura, las personas blancas tienden a descartar perspectivas más informadas sobre la raza en lugar de reconocer su falta de comprensión, sobre todo si esas perspectivas se las ofrecen personas que no son blancas.

Lo cual me lleva a hablar del concepto de inocencia racial. Aunque las personas blancas pueden rechazar el racismo, o por lo menos sus manifestaciones más abiertamente violentas y reconocibles, también pueden tender a disfrutar de una vida segregada, teniendo poco o ningún contacto con personas afro o de otros grupos raciales, sin sentirse racistas por esa elección. Desde su perspectiva, si el hecho de evitar vivir cerca de personas de otros grupos raciales no fue el producto de una decisión intencionada y consciente, pero se dio de todos modos, las personas blancas no consideran que eso sea segregación; aunque evidentemente lo es. Se trata de lo que podría denominarse inocencia racial.

Otra cuestión de la que tenemos que hablar en relación con todos estos temas es la de la libertad psíquica. Es muy probable que las personas blancas no entiendan la carga social, mental y psíquica de la raza. Entienden que el racismo es algo que afecta y preocupa a las personas afro, y que por eso son ellas quienes tienen que luchar contra el racismo. El lema «no es mi lucha» es muy habitual en este contexto. Por consiguiente, como las personas blancas no se consideran parte de una raza, sino la norma, creen que están libres de llevar la carga de todo lo que el racismo genera de forma negativa en las vidas de las personas racializadas.

Y, para finalizar, tenemos la cuestión del dominio blanco que surge a raíz de lo siguiente: los constantes mensajes aprendidos en los libros de historia, perpetuados por los medios de comunicación y la publicidad, y repetidos por las personas de referencia y las instituciones de confianza, más las conversaciones cotidianas sobre buenos vecindarios y colegios, refuerzan la fragilidad blanca. Estas nociones promueven la idea de que las personas blancas son mejores y más importantes que las personas afro. Y de esta forma, carentes de capacidad crítica, refugiados en la fragilidad blanca, todos los días surgen personas en nuestros entornos, a las que queremos y admiramos, que niegan que la supremacía blanca o el privilegio blanco sean reales. Y así contribuyen a la perpetuación del *statu quo* y promueven el inmovilismo que impide que las cosas cambien.

¿Te habías planteado todas estas cuestiones más allá del racismo? ¿Te planteabas el papel que la supremacía blanca desempeña en tu vida cotidiana? ¿La habías detectado más allá de sus expresiones más abiertamente violentas? Toma tu cuaderno y reflexiona sobre estas cuestiones.

3

Solo hay una raza, pero el racismo sí existe

«Desirée, ¿y por qué hablas del racismo, si las razas no existen?». Este comentario me lo hacen con bastante frecuencia. Si las razas no existen, porque somos una única raza, entonces por qué desde los movimientos antirracistas hablamos de racismo.

Y es cierto. Biológicamente, las razas no existen. Lo que existe es una construcción social que, desde hace siglos, ha establecido una jerarquía entre diferentes grupos humanos. Esa construcción se llama racismo. Con la creación del racismo, se crearon las razas. Y, en la cúspide, se situó la raza blanca. Por eso he querido empezar este libro hablando de la supremacía blanca, que es la fuente de toda esta jerarquía racial. Y por eso me parece una buena idea hablar de la creación del racismo. Vamos allá.

El racismo que conocemos actualmente, perpetuado por el sistema de opresión que nos rige, aparece en Europa a partir de finales de la Edad Media. Pero se inicia mucho antes, con el racismo religioso.

Según la Biblia y el Génesis, los tres hijos de Noé —Sem, Cam y Jafet— fueron quienes, con sus respectivas esposas y linajes, expandieron la humanidad por la tierra después del diluvio, y crearon las diferentes naciones: la semita, asociada a los pueblos asiáticos; la camita, que pobló África; y la jafetita, que se expandió por Europa. La maldición de Canaán cuenta que Noé maldijo a Canaán, hijo de Cam, condenándolo a ser esclavo de los esclavos de sus hermanos.[26] Así pues, si la descendencia de Canaán fue la que pobló África, este pasaje justificaba la creencia de que las personas que habitaban el continente africano estaban destinadas a ser esclavizadas.

Cuando a mediados del siglo XVIII se inicia el movimiento de la Ilustración europea, cuyo objetivo es que el conocimiento y la razón iluminen y disipen la ignorancia humana, se busca una explicación científica para el racismo. Aparece, pues, el racismo pseudocientífico o biológico que aspira a justificar la desigualdad racial. Esta corriente pseudocientífica pretendía probar la superioridad biológica de la raza blanca.

En 1684, dos años antes de su muerte, el médico francés François Bernier publica la primera clasificación de las

26. La Biblia, Génesis 9, 25-27: «Y dijo: Maldito sea Canaán; siervo de siervos será a sus hermanos. Bendito por Jehová mi Dios sea Sem; y sea Canaán su siervo. Engrandezca Dios a Jafet. Y habite en las tiendas de Sem; y sea Canaán su siervo».

razas humanas.[27] La publicación era un tratado que ofrecía una clasificación, sobre todo de las mujeres, basándose en el color de su piel y en otras características físicas muy relacionadas con su percepción de la belleza de estas. Aunque el tratado no profundizaba demasiado en el tema, lo que sí hizo Bernier fue convertir al hombre blanco europeo en la norma. El resto de las razas eran desviaciones. Esta publicación sentó las bases para el racismo científico, que se dividió en dos corrientes, aunque ambas intentaban probar la superioridad de la raza blanca mediante una serie de (supuestas) evidencias científicas.

Por una parte, el poligenismo sostenía la existencia de las razas como diferentes especies. Para probarlo, se recurrió a métodos pseudocientíficos como la medición de los cráneos humanos. La craneometría se utilizó, por ejemplo, para sostener que las personas negras africanas eran mentalmente inferiores a las personas blancas europeas.

Por otra parte, el monogenismo planteaba un origen común para todas las razas humanas, y una posterior migración de los diferentes grupos humanos que se vieron sometidos a diferentes condiciones ambientales. Y así, mientras Robert Knox,[28] basándose en el monogenismo, publicaba *The Races of Men*, en cuyas páginas ofrecía argumentos para explicar las distintas características físicas y mentales inherentes a las diferentes razas, Frederick

27. F. Bernier, «Nouvelle division de la terre par les différentes espèces ou races qui l'habitent», *Le Journal des sçavans*, 1684.

28. Robert Knox (4 de septiembre de 1791-20 de diciembre de 1862) fue un médico británico.

Douglass[29] consideraba que ese mismo monogenismo debía garantizar la igualdad y la humanidad de las personas negras.

Dentro de la corriente monogenista, el alemán Johann Friedrich Blumenback,[30] considerado uno de los padres fundadores de la antropología, publicó su obra *Sobre la unidad de la humanidad*, en la que identificaba cinco grupos humanos: caucásico o blanco, malayo o pardo, etíope o negro, americano o rojo y mongólico o amarillo. Blumenbach fue el introductor del término «caucásico» para referirse a la apariencia promedio de la población blanca o europea. La mayor aportación de este médico fue su férrea defensa de la igualdad humana entre todos los pueblos: se negó categóricamente a aceptar la superioridad cultural de las personas europeas, y sostuvo con firmeza que las personas de raza «negra» eran iguales en cuanto a capacidad e inteligencia. De ahí el título de su obra, ya que Blumenback concluyó que «las muchas variedades

29. Frederick Douglass (14 de febrero de 1818-20 de febrero de 1895) fue un reformador social estadounidense, escritor, orador y estadista afroamericano que, tras liberarse de su condición de esclavo, se convirtió en uno de los líderes del movimiento que abogaba por la abolición de la esclavitud en Estados Unidos. Douglass participó en la Convención de Seneca Falls, donde nació el movimiento feminista norteamericano.

30. Johann Friedrich Blumenbach (11 de mayo de 1752-22 de enero de 1840) fue un médico, naturalista, psicólogo y antropólogo alemán, autor, entre otras obras, de *De generis humani varietate nativa* («Sobre las diferencias naturales en el linaje humano», en su traducción al castellano), tesis doctoral que abrió el camino de la incipiente antropología física.

de hombres que se conocen en la actualidad [son] una y la misma especie». Blumenbach, por tanto, estaba en contra de la esclavización y de la creencia según la cual el salvajismo era una condición inherente a las otras cuatro razas.[31]

Sin embargo, hubo otros pensadores europeos que insistían en sostener ideas que promovían la desigualdad de las razas. Uno de ellos fue Joseph-Arthur, conde de Gobineau. Este novelista y teórico francés creía en la existencia de unas razas puras con características superiores. Defendía a los «arios» germánicos,[32] y a partir de ahí desarrolló todo un imaginario. Joseph-Arthur de Gobineau también creía en la superioridad de la raza blanca. A través de su relación con el compositor Richard Wagner, sus ideas empezaron a calar en los círculos nacionalistas alemanes; más tarde, los nazis se apropiarían de las ideas que promovía de Gobineau para justificar su creencia en la raza aria; y en Estados Unidos, los seguidores de la eugenesia también distorsionarían algunas partes de las teorías propuestas por de Gobineau para expandir los peligros que conllevaban las uniones entre personas blancas y negras.

Junto con estas teorías pseudocientíficas, la eugenesia

31. Blumenbach consideraba que la raza caucásica era la raza originaria de la que derivaban las otras cuatro a causa de factores ambientales; pero no consideraba que esas derivaciones (o degeneraciones, como las llamó) tuvieran implicaciones de inferioridad.

32. De Gobineau fue el primero en adoptar el término «ario» para designar una categoría racial que hasta entonces no había sido considerada como tal.

también extendió la creencia en la superioridad de las personas europeas blancas. La eugenesia es una teoría inexacta vinculada a formas históricas y actuales de discriminación, racismo, capacitismo y colonialismo.

Para los defensores de la eugenesia, determinadas cualidades abstractas —como la inteligencia— eran hereditarias; y algunas enfermedades y trastornos eran el resultado de la herencia genética.

A finales del siglo XIX, en 1883, Francis Galton,[33] estadístico, demógrafo y etnólogo inglés, acuña el concepto de eugenesia. Galton lo definió como el estudio de las agencias bajo control social que pueden mejorar o deteriorar las cualidades raciales de las generaciones futuras, tanto física como mentalmente. De ello cabe deducir que Galton pensaba que tanto la salud y la enfermedad como las características sociales e intelectuales estaban basadas en la herencia genética y también en la raza.

La eugenesia, por tanto, determinaba qué individuos y qué grupos humanos eran superiores o inferiores, al considerar que las características biológicas y de comportamiento eran inmutables. A partir de ahí establecía una jerarquía en la que, como ya he comentado, las personas blancas europeas estaban en la cúspide.

En su aplicación práctica, la eugenesia también estuvo en la planificación de la limpieza étnica y racial llevada a cabo por el régimen nazi contra la comunidad judía. En los Estados Unidos de América se tradujo en la esterilización forzada de personas afroamericanas. En la República

33. Francis Galton era primo de Charles Darwin.

Checa, entre 1966 y 2012, el Estado esterilizó involuntariamente a mujeres gitanas.[34] Y, según Silvia Agüero ha comentado en diversas entrevistas y artículos, sobre las mujeres gitanas siempre planea el fantasma de la planificación familiar, más que sobre ningún otro grupo de mujeres. Silvia señalaba en un artículo «el miedo de los poderes a que seamos muchos más y nos rebelemos».[35]

El surgimiento de todas estas teorías pseudocientíficas se produce en un momento de máxima expansión colonial de los imperios europeos por el resto del mundo. Y desde el convencimiento por parte de los colonizadores de que, por su condición de blancos europeos, eran seres superiores, mientras que el resto de las razas eran inferiores, sirvió para justificar la colonización, el sometimiento y el exterminio de otros grupos humanos. La creencia en esa jerarquía racial lo justificaba todo: la evangelización de las poblaciones salvajes a través del establecimiento de misiones, el mestizaje como forma de *neutralizar* las características intelectuales inferiores de las personas que poblaban los territorios del sur global y el secuestro y la esclavización de las poblaciones africanas.

La información ofrecida por todos estos señores blancos europeos que teorizaban sobre la categorización de

34. D. Hutt, «La vergonzosa historia de la esterilización forzada de las gitanas en Europa Central», *Euronews*, agosto de 2021. Disponible en: <https://link.desireebela.com/esterilizacion> (consultado el 13 enero 2023).

35. A. Ruiz, «La violencia obstétrica como violencia de género», *Esracismo*, noviembre de 2017. Disponible en: <https://link.desireebela.com/violencia-obstetrica> (consultado el 13 de enero 2023).

grupos humanos como razas cristalizó con la expansión colonial. Marcus Rediker lo explica en su libro *Barco de esclavos. La trata a través del Atlántico*.[36]

A pesar de que a principios del siglo XX el racismo biológico fue descartado académicamente, los diferentes métodos eugenésicos pervivieron, y de hecho la creencia en la superioridad de las personas blancas europeas sigue arraigada en la mentalidad colectiva. Esta supuesta superioridad ha justificado la expansión colonial y el surgimiento del capitalismo y de las sociedades modernas europeas, gracias a la trata transatlántica de personas. Así lo explica Marcus Rediker en el libro mencionado un poco más arriba. Rediker explica el papel que el barco esclavista tuvo en este negocio triangular como «elemento central de un conjunto de profundos cambios económicos interrelacionados que fueron esenciales para el ascenso del capitalismo: la conquista de nuevos territorios; la expropiación de millones de personas y su reubicación en sectores económicos en expansión orientados al mercado [...]; y finalmente, una acumulación planificada de riquezas y capital muy superior a cualquier otra de la que el mundo hubiera sido testigo».[37]

Lo que hace del racismo la herramienta de opresión que sigue prevaleciendo hoy en día es el hecho de que la jerarquía racial que se implantó en un determinado momento histórico se afianzó, se transmitió de generación en gene-

36. M. Rediker, *Barco de esclavos. La trata a través del Atlántico*, Madrid, Capitán Swing, 2008.

37. *Ibid.*, pp. 63-64.

ración y terminó por institucionalizarse y socializarse, legalizando y dando por sentadas todas estas desigualdades.

* * *

Un último apunte antes de terminar este capítulo. De vez en cuando hay personas que me preguntan por qué desde el activismo antirracista se habla de racismo cuando las razas no existen, y en cambio no se habla de etnias, que sí existen.

En efecto, las etnias existen. Cuando hablamos de etnia, hablamos de la división de los seres humanos en grupos sociales atendiendo a un origen común, y a ciertos rasgos compartidos, relacionados con la lengua, la religión, la cultura. A veces resulta complicado definir con precisión qué es una etnia, pero podríamos decir que lo que define las etnias como grupo es la existencia de un sentido de origen común expresado en un mito fundacional, o de una historia común. Y existe, entre los individuos que la conforman, una herencia cultural compartida que se traduce en tradiciones, creencias o valores, en una lengua propia —aunque existen etnias multilingües— y en un parentesco más o menos remoto entre los miembros que la conforman. El tema aquí es que, en la actualidad, a las personas racializadas en las sociedades occidentales contemporáneas no se nos discrimina por nuestra pertenencia a una etnia en concreto.

Con la expansión del colonialismo y la institución del esclavismo, se produce una racialización de las personas. ¿Qué significa esto? Creo que será más fácil de explicar si te pongo algunos ejemplos. Cuando los españoles llegaron a Abya Yala, se encontraron con que allí había una población autóctona. La población autóctona estaba formada por pueblos muy diferentes entre sí. Si te hablo de los imperios maya, azteca o inca, seguro que te resultan familiares, porque los hemos estudiado en el sistema educativo a propósito del mal llamado descubrimiento de América —no fue un descubrimiento; fue una invasión—, circunstancia esta que ha puesto en nuestro radar a estos pueblos o naciones. Pero también existe el pueblo quechua, el aimara, el mapuche, el otomí, el nahua, el colla, el guaraní, el rapanuí, el tupinambo, y podría seguir mencionando otros muchos.

Como te decía, los españoles llegan a Abya Yala y se encuentran con todas estas naciones, y también a personas africanas esclavizadas. En vez de respetar las naciones originarias, deciden renombrar y clasificar a las personas de los pueblos originarios bajo una única denominación: indios. Y a las personas africanas esclavizadas, las llamarán negros. Así se creó el sistema de castas colonial, a través del cual el imperio español catalogó a las personas por razas y cruces étnicos con el objetivo de crear un sistema jerárquico entre las personas, en cuya cúspide, por supuesto, estaban las personas blancas europeas.[38] De ahí algunos términos que todavía hoy están vigentes, a pesar de su origen peyorativo, como mulato y mestizo.

En África sucedió algo similar. En las zonas a las que

38. Puedes consultar la pieza del cuadro de castas del Museo Nacional del Virreinato siguiendo este enlace: <https://link.desireebela.com/cuadro-castas>.

llegaron los británicos y de las que secuestraron a más personas para el comercio y la trata transatlántica, había infinidad de pueblos o naciones. Fantes, asantes, ibibios, golas, igbos, coromantes, ibaus. Sin embargo, cuando los capitanes de los barcos registraban en su diario la carga de personas que llevaban en la bodega, se limitaban a clasificarlas simplemente como negras. Vinieran de donde vinieran, se las racializaba como personas negras. Recuerda que estamos en un momento en el que la pseudociencia de la Ilustración considera que estas categorías raciales existen, y que, además, tienen unas características físicas y conductuales concretas.

Tanto el sistema de castas colonial de Abya Yala como los diarios de los capitanes esclavistas eran elementos que racializaban a las personas. Las convertían en indias o negras, negando todo su bagaje identitario. Y, hoy por hoy, eso es lo que sigue sucediendo. A mí no me discriminan por ser una mujer perteneciente al pueblo éböbé; a mí me discriminan por la racialización negativa que conlleva que yo sea percibida como una mujer negra. Así que son la estructura, la sociedad y, finalmente, las personas, las que racializamos a los grupos humanos.

Ah, y si eres una persona blanca, has de saber que, en efecto, también estás racializada. Así lo dice Ibram X. Kendi en su libro *Cómo ser antirracista*:

> El hecho es que todos los grupos étnicos, en cuanto caen bajo la mirada y el poder de los creadores de razas, son racializados. Yo soy descendiente de esclavos norteamericanos. Mi grupo étnico es el afroamericano. Mi raza, como afroamerica-

no, es la negra. Los keniatas son racializados como grupo étnico negro, mientras que los italianos son blancos, los japoneses son asiáticos, los sirios son de Oriente Medio, los puertorriqueños son latinoamericanos y los choctaws son nativos americanos. La racialización sirve a la razón de ser de la noción de la raza: crear jerarquías de valor.[39]

La cuestión es que el sistema, creado por personas blancas, se ha construido para personas blancas y, en consecuencia, ha situado —tal como viene haciendo históricamente— a las personas blancas en la cúspide de esa jerarquía racial, de forma que todas las construcciones sociales, políticas, legales, culturales y económicas benefician a las personas blancas que son, como dice Kendi, quienes inventaron las razas. Además, ha revestido todos esos beneficios inmerecidos con una capa de neutralidad, para que tú no creas que son ventajas, sino derechos. Tu racialización te afecta positivamente. Te beneficias, como te decía al hablar de supremacía y privilegio blanco, de las consecuencias de vivir en una sociedad jerarquizada racialmente. Sin embargo, en este desigual reparto de favores, las personas racializadas salimos perdiendo, porque la racialización nos afecta negativamente. Por eso hablamos de racismo a pesar de que las razas no existan.

* * *

39. I. X. Kendi, *Cómo ser antirracista*, Barcelona, Rayo Verde, 2020, p. 87.

Ahora que te he explicado someramente por qué hablamos de racismo, me gustaría ofrecerte algunas pinceladas de los diferentes niveles en los que este puede manifestarse. Así podrás empezar a identificarlos.

En un primer nivel, nos encontramos con las manifestaciones del racismo individual o inconsciente. El racismo individual es el que traemos de serie. Está formado por las suposiciones, las creencias o los comportamientos y actitudes racistas de cada persona. Estas manifestaciones de racismo están basadas en prejuicios personales, que pueden ser conscientes, pero en una amplia mayoría de los casos son inconscientes.

Nadie escapa del racismo individual. Ni siquiera las personas racializadas, que podemos manifestar también, consciente o inconscientemente, un racismo interiorizado o endorracismo. En muchos casos, el endorracismo se convierte en un mecanismo de supervivencia. El racismo interiorizado es la inculcación de estereotipos, creencias, imágenes e ideas racistas perpetuadas por la sociedad blanca dominante sobre el propio u otros grupos raciales. El endorracismo genera sentimientos de duda, angustia y disgusto, y también falta de respeto por las personas pertenecientes al mismo grupo racial o étnico. Estas manifestaciones de endorracismo también están relacionadas con la asimilación cultural. Ya que te hablaré sobre la asimilación cultural en otro capítulo, por ahora lo voy a dejar aquí para no entrar en ese tema; pero quédate con la idea de que el hecho de que una persona racializada manifieste actitudes de racismo interiorizado puede responder a la voluntad de encajar o parecerse más a la sociedad dominante y alejarse de los estereotipos atribuidos a su comunidad de origen, que lo alejan de lo percibido como normal.

El racismo individual está compuesto por creencias racistas aprendidas bajo influencias culturales. Se manifiesta desde el momento en que se asumen los prejuicios contra las personas de otros grupos raciales, y también, en el caso de las personas blancas, cuando estas internalizan esa situación de privilegio que las hace sentirse superiores o investidas de una mayor legitimidad. A menudo estas creencias permiten que muchas personas justifiquen actos o comentarios racistas que suceden en su presencia. Así pues, el racismo individual es el que anima a las personas a contar chistes sobre negros o gitanos; a decir cosas del estilo de «yo no soy racista, pero...» para acabar soltando un comentario claramente racista; a compartir memes racistas en grupos de WhatsApp; a disfrazarse de otra cultura y creer que está bien y que no pasa nada por hacerlo; a evitar sentarse en el transporte público al lado de una persona racializada; a cambiar de acera cuando se acerca una persona racializada o a decir que todas las vidas importan en respuesta al lema «las vidas negras importan».

Me gustaría que pensaras si ha habido momentos en que el racismo interiorizado te ha impulsado a hacer comentarios o a difundir contenidos racistas. Piensa en ello y, si quieres, anótalo. Verlo escrito resulta doloroso, pero te ayudará a ser consciente. Y, por favor, no me vengas con eso de que «yo nunca he sido racista», porque todas lo hemos sido en algún momento. Negarlo solo te servirá para eludir la honestidad. Para nada más. No te estoy pidiendo que expíes tus culpas ni que hagas ningún acto de contrición; solo te pido que seas consciente de cuándo tu racismo interiorizado te pone en alerta. Antes de desactivar esos comportamientos, necesitas ser consciente de que los adoptas. Eso te ayudará a prestar más atención a los momentos en que tus prejuicios entran en escena y te hacen confirmar una creencia o actuar de una determinada forma cuando estás con personas de un determinado grupo racial. Es una tarea incómoda; pero, oye, ¿qué tal si te desafías a abordar esta oportunidad y haces el trabajo? A la larga puede resultar satisfactorio. Para ti y para las personas racializadas con las que te relacionas.

En otro nivel, nos encontramos con el racismo interpersonal. Como su propio nombre indica, responde a las manifestaciones de racismo que se dan entre dos o más personas. Lo que conocemos como microrracismos son manifestaciones de racismo interpersonal. Aprovecho para decirte que yo no me siento cómoda con ese término. Y que suelo referirme a esas agresiones como racismo cotidiano.

En nuestra socialización, hemos aprendido a adoptar estas respuestas discriminatorias y las hemos hecho nuestras mucho antes de comprender siquiera que son cuestiones que dañan y discriminan a las personas de otros grupos raciales. Las hemos aprendido así porque están tan imbricadas en nuestro sistema que no las percibimos como problemáticas. Además, al emanar de instituciones que consideramos de confianza —el sistema educativo, la familia, el Gobierno, los medios de comunicación— nos cuesta adoptar una actitud crítica y cuestionarlas.

Las pintadas con insultos en la mezquita de tu barrio son manifestaciones de racismo interpersonal. Los ataques a negocios regentados por personas esteasiáticas al principio de la pandemia son manifestaciones de racismo interpersonal. Los insultos a las personas del Pueblo Gitano son manifestaciones de racismo interpersonal. La alusión al derecho de admisión en locales de ocio nocturno para impedir la entrada a personas negras también es una manifestación de este tipo de racismo. Todas estas acciones las reconocemos como violentas y la mayoría de las personas las reprobamos, porque socialmente las agresiones abiertamente racistas nos resultan fáciles de condenar.

El racismo interpersonal también se manifiesta cuando le preguntas con una sonrisa a esa persona racializada de dónde es, o cuando la felicitas por hablar tan bien el castellano. Con esos comentarios, le estás haciendo saber a la persona que tienes delante que consideras que es de algún otro sitio, pero que no puede ser española, aunque lo sea. También es racismo interpersonal cuando le tocas el pelo a una persona negra sin su consentimiento. Y también contribuyes a la perpetuación del racismo institucional cuando tu cuñado manda un meme racista al grupo de la familia y no dices nada. Estas situaciones forman parte de formas más sutiles de racismo interpersonal. Creemos que no son dañinas y nos escudamos en la curiosidad, las buenas intenciones o el humor para no revisarnos y hacernos responsables de que, con todas esas acciones y comentarios, también estamos contribuyendo a causar más dolor a otras personas.

Y ahora hablaremos del racismo institucional. Lo que

distingue el racismo institucional de las actitudes individuales o interpersonales es el hecho de que este se expresa a través de la existencia de políticas, leyes y otras prácticas que favorecen o dificultan el acceso a una serie de oportunidades y mejoras de las condiciones de vida, dependiendo del grupo racial al que se pertenezca.

En España, el racismo institucional se manifiesta de muchas formas distintas, la mayoría de las cuales están legitimadas por la Ley Orgánica 4/2000, de 11 de enero, sobre derechos y libertades de los extranjeros en España y su integración social,[40] y sus sucesivas modificaciones. El racismo institucional favorece la existencia de brechas raciales en todos los sistemas. Estoy hablando de una forma de racismo que afecta a las personas racializadas en todos los aspectos de su vida. Limita dónde pueden vivir, los centros educativos a los que pueden acceder sus criaturas, el acceso a la sanidad, el tipo de relación que tienen con los cuerpos y fuerzas de seguridad... De esto ya te he hablado en el capítulo sobre supremacía cuando comenté cómo muchas personas blancas viven en entornos segregados sin ser conscientes de ello; puedes consultarlo de nuevo si lo necesitas.

El racismo institucional emana de organizaciones, instituciones y gobiernos que discriminan —a veces de forma deliberada, a veces indirectamente— a ciertos grupos raciales de tal forma que sus derechos se ven limitados. Como te decía cuando te hablaba de supremacía, el hecho

40. Puedes consultar la ley de extranjería siguiendo este enlace: <https://link.desireebela.com/ley-extranjeria>.

de que las personas blancas se erijan en el referente de lo que es normal y legal, fundamenta la creencia de que las personas racializadas tienen que ajustarse a los estándares de la blanquitud; de lo contrario acabarán siendo oprimidas y criminalizadas.

El racismo institucional es muy difícil de identificar, y más aún de desmantelar. Y esto es así porque los poderes que lo perpetran no se consideran racistas. Ya te hablé de lo que ocurre en el sistema educativo: la mayoría de los órganos directivos de centros escolares no se consideran racistas, y sin embargo en el día a día se dan situaciones que, sostenidas en el tiempo, repercuten de forma negativa en el alumnado racializado y se traducen en orientaciones pedagógicas sesgadas que pueden desembocar en absentismo y abandono escolar.

Una persona racializada que haya abandonado el sistema educativo debido al sesgo racista, no solo tendrá menos oportunidades de encontrar un empleo, sino que, si lo consigue, hay bastantes probabilidades de que se trate de un trabajo con un sueldo precario, en condiciones abusivas, o directamente de economía sumergida. De resultas de esto, contará con unos ingresos económicos limitados que, a su vez, restringirán su acceso a la vivienda, si es que encuentra una inmobiliaria o una persona particular que acepte hacerle un contrato de alquiler, porque muchas agencias se niegan a alquilar viviendas a personas racializadas.[41] Si en la agencia inmobiliaria le exigen un

41. «Más del 60% de las agencias inmobiliarias aceptan la discrminación étnica en el alquiler de viviendas», *Discriminació a la carta*, Ajun-

contrato laboral, del que posiblemente carezca, y el pago de varios meses de alquiler por adelantado, seguramente la única opción de esta persona sea subarrendar una habitación en un piso. Al final, el acceso a los servicios públicos, a una vivienda digna, a las oportunidades laborales y, en definitiva, a una vida digna, se ven limitadas por la existencia del racismo institucional.

Otro ámbito de la sociedad en el que también se manifiesta el racismo institucional son las fiestas tradicionales y populares. Hay mucho racismo en las fiestas tradicionales. Seguro que estás pensando que me refiero al *blackface* de la cabalgata de los reyes magos —o los pajes de Alcoy— porque también en 2023 ha habido localidades en las que el papel de Rey Baltasar lo ha interpretado un señor blanco pintado de negro. Y sí, me estaba refiriendo al *blackface*, pero también hay otras expresiones populares que están teñidas de racismo, aunque tal vez no hayas reparado en ello.

En la provincia de León, en Semana Santa, se sigue manteniendo la tradición de «matar judíos». Hoy en día consiste en salir de ruta de bar en bar para beber limonada, pero el origen de la fiesta se remonta a la Edad Media, cuando existía un odio exacerbado hacia el pueblo judío, al que consideraban responsable de la muerte de Cristo. Para evitar que los fieles cristianos cumpliesen sus promesas de irrumpir en las juderías y hacer realidad sus diatribas favo-

---

tament de Barcelona, Oficina per la No Discriminació, 2021. Disponible en: <https://link.desireebela.com/racismo-vivienda> (consultado el 14 de enero de 2023).

rables al asesinato de la población judía, en las ventas se servía —aun estando en periodo de ayuno y abstinencia— una bebida ligeramente más suave que el vino con la finalidad de emborrachar a los fieles y de este modo impedir que llevaran a cabo sus planes homicidas.[42]

En la zona de Levante son muy populares las fiestas de Moros y Cristianos, en las que se recrean las batallas de la Reconquista.[43] El origen, igual que en el caso anterior, se remonta a la Edad Media. Esta festividad fue exportada a algunos territorios de Abya Yala por los conquistadores españoles, y también se celebran en determinadas zonas de Francia e Italia.

En algunos municipios catalanes, durante las fiestas locales, los gigantes y cabezudos salen a bailar en los pasacalles. Algunos de esos gigantes representan a personas negras, como los *Gegantons Negritos* de Tarragona, que se estrenaron en el año 1856.

Y, volviendo a las Navidades, en la población de Igualada (provincia de Barcelona), desde 1943 la persona que representa el papel de Faruk, el emisario de los tres Reyes de Oriente, es un blanco haciendo *blackface*. Vendría a ser la versión catalana de los pajes de Alcoi, aunque también existe una versión holandesa, en el Zwarte Piet. Pero

42. Europa Press Castilla y León, «*¿Conoces el origen del tradicional "Matar* judíos" de León a sorbos de limonada?». Disponible en: <https://link.desireebela.com/matar-judios> (consultado el 14 de enero de 2023).

43. Se denomina Reconquista española al periodo de casi ocho siglos, que abarcó desde la conquista omeya de Hispania hasta la caída del reino de Granada en 1492, sometido finalmente por el reino cristiano.

sigamos en España, donde aún podemos encontrar más representaciones culturales discriminatorias. En muchas localidades costeras españolas se celebran fiestas conmemorativas de los indianos.[44] Cada año, se llevan a cabo actividades para honrar la memoria de los hombres que contribuyeron al desarrollo económico de Catalunya; sin embargo, en esos festejos nadie tiene presente a todas esas personas esclavizadas que perdieron la vida para que los indianos volvieran de las colonias españolas en posesión de grandes fortunas.

Todas estas festividades menoscaban la dignidad de muchos colectivos de orígenes étnicos y raciales diversos, y deberían desaparecer. Sin embargo, siguen celebrándose año tras año. En el caso de Catalunya, la comunidad autónoma en la que resido, la situación es especialmente curiosa, porque en febrero de 2022, el grupo parlamentario Candidatura d'Unitat Popular (CUP) presentó una moción de interpelación al Gobierno catalán sobre la garantía de los derechos populares, y en el apartado octavo proponía lo siguiente:

44. Los indianos eran colonos, en su mayoría, hombres blancos solteros. Estos inmigrantes viajaron principalmente a las colonias españolas de Abya Yala y Guinea Ecuatorial, y regresaron a su tierra después de haber amasado una fortuna, haciendo ostentación de su éxito y su riqueza. En Catalunya, a su vuelta, muchos indianos impulsaron la revolución industrial catalana y la transformación de la ciudad de Barcelona. Un buen número de ellos se enriquecieron gracias a la creación de empresas que comerciaban con el cacao, el tabaco o el algodón, productos que se obtenían gracias al trabajo de personas esclavizadas en las plantaciones. De ahí que muchos indianos fueran, a su vez, comerciantes de esclavos.

8. Fortalecer y consolidar el derecho a las prácticas culturales populares y tradicionales incorporando nuevos vectores que fomenten la diversidad, la interculturalidad, la participación ciudadana y la innovación.
   a. Diseñar programas específicos en el ámbito de la cultura popular con el objetivo de luchar contra el racismo, la exclusión, la discriminación y la estigmatización por razones de diversidad cultural o religiosa, de origen, de género, funcional, de edad, etc.

La moción está publicada en el Boletín Oficial del Parlament de Catalunya.[45] Lo cual significa que está aprobada. Y, a mi entender, el Parlament de Catalunya debería garantizar la aplicación de dicha moción, por cuanto es la institución que ostenta el poder legislativo y la responsable de impulsar la acción política. Sin embargo, ahí siguen todas esas celebraciones, que suponen una representación indigna de diferentes colectivos y grupos raciales y étnicos. Esto demuestra cuán perverso es el racismo institucional: los gobiernos hacen declaraciones y se manifiestan contrarios el racismo, pero lo siguen perpetuando a través de sus leyes y normativas.

Eso también sucedió con la masacre de la valla de Melilla. ¿No resulta irónico que una tragedia de tales dimensiones suceda durante el mandato del autodenominado *Gobierno más progresista de la historia de España*? La

45. Puedes consultar el texto completo de la moción, en catalán, desde este enlace: <https://link.desireebela.com/mocion-cup>.

asunción de responsabilidades del Gobierno en este grave asunto ha dejado mucho que desear. No ha habido una investigación, y lo que se ha hecho ha sido trasladar toda la responsabilidad a la policía marroquí, cuando una investigación de la BBC ya demostró que la policía española podía haber impedido las muertes y no hizo nada al respecto.[46]

El racismo institucional asegura la perpetuación del racismo estructural, cuando en realidad, las instituciones deberían velar por el respeto, la dignidad y el bienestar de todas las personas que conforman la sociedad que rigen. Sin embargo, lo que hace la institución a través de currículos escolares racistas, brechas laborales y salariales, bloqueo del acceso a la sanidad pública y otras muchas barreras, es reproducir y mantener una jerarquía racial que se impuso hace siglos y que sigue basándose en la preeminencia de la supremacía blanca.

A pesar de lo cual, es justo reconocer que desde el seno de las instituciones se están llevando a cabo iniciativas para subvertir la perpetuación de las desigualdades raciales establecidas estructuralmente. En el Parlament de Catalunya se ha constituido una comisión de estudio sobre el racismo institucional y estructural (CERIE).[47] Está presidida

46. E. Thomas y A. Walker (Servicio Mundial de la BBC), «Investigación BBC: cómo la policía española vio y no impidió que decenas de migrantes murieran en su frontera con Marruecos». Disponible en: <https://link.desireebela.com/masacre-melilla> (consultado el 14 de enero 2023).

47. Parlament de Catalunya, «Comissió d'Estudi sobre el Racisme Institucional i Estructural». Puedes consultar su composición aquí: <https://link.desireebela.com/cerie>.

por Jessica González, diputada por En Comú Podem; vicepresidida por Basha Changue, diputada por la CUP, y la secretaria es Najat Driouech, diputada d'Esquerra Republicana de Catalunya. Son tres mujeres por las que siento una gran admiración, y sé que están dedicando muchos esfuerzos a incorporar el discurso antirracista en todas sus intervenciones dentro de una cámara cuyos representantes oponen una férrea resistencia a la hora de tener en cuenta la perspectiva antirracista.

* * *

No sé si en algún momento te has parado a pensar en el impacto que todas estas manifestaciones del racismo tienen en la vida de las personas racializadas. Puede que sea algo que ni siquiera se te había pasado por la cabeza que pudiera afectar hasta ese punto a la vida de tantas personas; pero es así. Por eso me gustaría terminar este capítulo haciendo una lista de cómo puede llegar a sentirse una persona racializada; en esta lista se ven reflejadas cuestiones de las que tú, probablemente, no tengas que preocuparte por el mero hecho de ser una persona blanca:

- Sensación de incertidumbre y de alerta constante, al no saber cuándo llegará el siguiente comentario discriminatorio.
- Sensación de inseguridad. En muchas ocasiones, las personas racializadas llegamos a dudar de nosotras mismas. Por lo general este sentimiento se ve potenciado por el hecho de que estamos rodeadas de

personas blancas que, al no percibir las situaciones discriminatorias, suelen decirnos que estamos exagerando, que tenemos la piel muy fina, que vemos racismo por todas partes. Eso se llama luz de gas, y es una forma de violencia psicológica.

- Miedo: cuando se lo contamos a una persona privilegiada —esto es, a una persona blanca— nos da miedo que esa persona se ponga a la defensiva, nos haga luz de gas y nuestra relación con ella cambie para siempre.
- Sentimiento de no pertenencia. Muchas personas racializadas sienten que están siempre fuera de lugar. Este sentimiento de incomprensión genera la sensación de que nunca estamos en el lugar que nos corresponde.
- Revictimización constante. A veces llegamos a la conclusión de que si somos nosotras quienes cambiamos, evitaremos la violencia. Si somos más amables, más pasivas; si hablamos de forma más cordial o nos mostramos más agradecidas, puede que no nos pase nada. Es algo bastante similar a lo que sucede con la violencia machista, ¿verdad? Se responsabiliza a las mujeres para que eviten sufrir agresiones, en vez de hacer hincapié en que han de ser los hombres quienes dejen de agredir. Pues con el racismo pasa lo mismo.
- Sensación de tener que ser personas modélicas. Si nuestro comportamiento es irreprochable, nuestras acciones no serán utilizadas para reforzar los estereotipos que pesan sobre nuestro grupo racial.

- Gasto enorme de tiempo y energía por tener que estar detectando situaciones discriminatorias a todas horas. Cuando vivimos una situación de discriminación racial, invertimos mucho tiempo y mucho espacio emocional y mental analizando lo que ha pasado, gestionando el impacto y los sentimientos que esa situación nos está generando, decidiendo si responder o no... resulta mentalmente agotador, y es algo que, aunque queramos, no podemos dejar de hacer. Y si decidimos dejarlo pasar, entonces nos juzgamos y nos sentimos culpables por no haber hecho nada al respecto.

Y, ya para terminar, quiero plantearte algunas cuestiones a fin de que reflexiones, actúes y explores en tu día a día cómo se reproducen estas manifestaciones de discriminación racial que tal vez hasta ahora te habían pasado por alto.

- Fíjate en el racismo cotidiano —sutil y explícito— que se da a tu alrededor: comentarios de colegas del trabajo, de amistades, noticias en los medios de comunicación, publicidad en la televisión...
- Explora tu rol y tu responsabilidad a la hora de abordar el racismo interpersonal. ¿Qué acciones puedes llevar a cabo cuando presencies una situación de discriminación racial?

4

Si no ves colores, tenemos un problema

Si no ves colores, tenemos un problema. En este capítulo voy a explicarte por qué.

En toda la cuestión del antirracismo performativo, una de las frases que se usa con frecuencia, por parte de las personas blancas, es que no ven colores. Hay personas blancas que creen que decir que no ven colores las sitúa en una especie de lugar privilegiado, inmaculado y que hace que ya no tengan que revisar absolutamente nada relacionado con la discriminación racial. Porque, claro, al no ver colores, se entiende que no hacen distinciones entre personas y que eso es positivo. Nada más lejos de la realidad.

La declaración de «no ver colores» no es una expresión máxima del antirracismo. No ver colores entra en una dinámica conocida como daltonismo racial y, en realidad, es bastante problemática. El problema es que muchas personas no tienen conciencia de cuán problemática es, y por eso siguen reproduciendo este mensaje.

El daltonismo racial se argumenta como una estrategia para gestionar la diversidad y las relaciones interculturales. Al ser una estrategia de gestión de personas diversas, se entiende que la pertenencia a un grupo racial determinado no debería ser tenida en cuenta; ni tan siquiera debería mencionarse.

Quiero explicarte por qué es problemática usando a modo de ejemplo lo que sucedió en el derbi madrileño entre el Atlético de Madrid y el Real Madrid en el mes de septiembre de 2022, cuando el jugador del Real Madrid Vinícius Jr. fue abucheado con insultos racistas por parte de la grada colchonera.

Con relación a esta noticia, hasta el Congreso de los Diputados expresaba esta semana su rechazo a semejante conducta y condenaba por unanimidad los insultos racistas que recibió el jugador. Creo que es una de las pocas situaciones en las que el hemiciclo ha condenado actos de racismo de forma unánime y explícita. Cabría preguntarse por qué.

También muchos medios de comunicación, sobre todo los deportivos, se hicieron eco de esta situación de racismo explícito. Algunos periodistas deportivos intentaron explicar —con más error que acierto en la mayoría de los casos, he de decir— lo inapropiado y problemático de los cánticos. Otros medios optaron por mostrar su apoyo incondicional al jugador, que es lo que hizo el diario *Marca*. Estoy segura de que en la redacción del periódico pensaron que se les había ocurrido una genialidad cuando, desde mi punto de vista, lo que hicieron fue algo sin sentido.

En una edición posterior al partido de fútbol, en la

parte superior de la portada del diario deportivo *Marca*, se leía la siguiente frase:

MARCA SALE HOY SIN COLOR
PARA MOSTRAR NUESTRA REPULSA ABSOLUTA
CONTRA EL RACISMO

Antes de profundizar en estas palabras, me gustaría dejar claro de entrada que entiendo perfectamente la intención de *Marca*. Pero, como dice el refrán, el infierno está lleno de buenas intenciones. Sin embargo, como ya introduje en el primer capítulo de este libro, aquí las intenciones no son el centro. Y eso es porque, vuelvo a recordarlo, las intenciones siempre tienen un impacto en otras personas, y a veces ese impacto, lejos de lograr lo que se pretendía, hace más mal que bien o, en el mejor de los casos, no sirve absolutamente de nada.

Marca sacaba, pues, una edición del diario con páginas sin color. Esto responde a que muchas personas se han creído —erróneamente— que la máxima «yo no veo colores, veo personas» es una clara manifestación antirracista. El problema es que de antirracista no tiene nada.

Esta creencia está muy extendida, y muchas personas la esgrimen tanto cuando pretenden expresar su repulsa contra actos racistas cometidos por otra gente, como cuando quieren salir impunes si alguien les señala conductas o comentarios racistas.

Imagino que la intención de *Marca*, al sacar la edición sin color, era dar a entender que consideran a Vinícius Jr. un jugador más. Que a la redacción de *Marca* no le importa si Vinícius es «negro, verde o azul con topos», expresiones estas que también vienen a decir que el color no importa. Pero al hacerlo están afirmando que no existen diferencias de color en la piel de las personas, lo cual resulta igualmente problemático.

El daltonismo racial es una teoría que considera que la mejor forma de acabar con la discriminación es tratar a todas las personas por igual, sin contemplar el grupo racial o étnico al que pertenecen. Pero, lamentablemente, esto no funciona así.

Uno de los problemas del daltonismo racial es que las únicas personas que pueden permitirse «no ver colores» son las personas blancas. El resto de las personas, las que tenemos otros orígenes raciales o étnicos, estamos obligadas a tener en cuenta los colores de nuestras pieles por el modo en que estos influyen en nuestro día a día.

Otra de las problemáticas de no ver colores es que negar su existencia es una forma de evitar tener conversaciones profundas sobre las implicaciones reales del racismo y cómo impacta en las personas cuyas vidas atraviesa. Ya he dicho con anterioridad que hablar sobre racismo es un arduo trabajo para las personas blancas. Sostener conversaciones sobre racismo genera mucha incomodidad. Esa incomodidad hace que aflore la fragilidad blanca. Y la fragilidad hace que las personas interpeladas salten como un resorte para defenderse de tan terribles acusaciones. Y en cuanto la fragilidad blanca hace acto de presencia, tener una conversación sobre racismo se vuelve una tarea prácticamente imposible. La persona blanca a la que se le atribuya una conducta racista pondrá en marcha todos los mecanismos a su alcance para librarse de la sensación de incomodidad. Y al no querer sentir esa incomodidad, intentará zanjar el tema lo antes posible, dejando claro que no puede ser racista porque no ve colores.

Mucha gente cree que el racismo está relacionado con cuestiones morales. Consideran que el racismo es algo personal, en lugar de verlo como un problema estructural. Y lo ven así porque así nos lo han enseñado. Cuántas veces, ante agresiones racistas, no habremos oído expresiones del estilo de «eso es cosa de cuatro chalaos». Se trata de una excusa problemática, porque para justificar actos racistas se alude a la salud mental, criminalizándola. Ya aprendimos en su día que los hombres que cometen actos de violencia machista no están ni son locos: son hijos sanos del patriarcado. Así que las personas que cometen actos de violencia racista tampoco deben ser excusadas aludiendo a su salud mental. Son personas que han sido educadas por un sistema en el que la violencia racista se manifiesta de esa manera.

Es importante tenerlo presente, porque creer que el racismo está ligado a la moralidad hace que a muchas personas les cueste reconocer su propio racismo interiorizado. En la mente de una amplia mayoría, eso implicaría reconocer que son malas personas, ¿y quién haría eso? De ahí que la gente procure eludir por todos los medios tener que enfrentarse a sus propias conductas racistas. Y una de esas formas de eludirlo es decir que no ven colores.

Sin embargo, apelar al daltonismo racial no es una forma de condenar el racismo. Al contrario, acogerse a esta forma de pensar perpetúa las dinámicas de injusticia racial que ya existen. Así que quitar el color de las páginas de un diario, como hizo *Marca*, no sirve de nada.

A mí me hace pensar que esto sucede porque en la plantilla del diario *Marca*, como en muchos otros medios de comunicación, no hay personas racializadas con conciencia antirracista. Y, por consiguiente, no hay personas que puedan explicar que sacar una edición sin color en señal de solidaridad con un jugador negro solo sirve para que otras personas, que también creen en el daltonismo racial, los feliciten por la ocurrencia.

Mostrar una repulsa absoluta contra el racismo, como dijo *Marca* en su portada de aquel día, tiene que pasar por otras acciones. Por hacer propuestas, como presionar, aprovechando que es un medio de comunicación, para garantizar el conocimiento de la Ley contra la violencia, el racismo, la xenofobia y la intolerancia en el deporte (Ley 19/2007, de 11 de julio) e instar a que, tanto los clubes como LaLiga y la Federación Española de Fútbol, la apliquen correctamente, no como en el caso de Zozulia.[48]

Conocer esta ley posibilitaría presionar a los clubes y a LaLiga para que tomen medidas y que no se vuelvan a repetir casos como el de Vinícius y otros muchos que se han ido sucediendo en los estadios de fútbol. Así no habrá que seguir sacando ediciones de prensa sin color, que pretenden expresar su rechazo a determinadas formas de racismo, pero que no tienen muy claro cómo mostrarse en contra.

48. Redacción / Agencias, «Zozulia eres un nazi: primera vez que se suspende un partido de LaLiga por insultos a un jugador», *Público*, 16 de diciembre de 2019. Disponible en: <https://link.desireebela.com/zozulia>.

Además, sucede algo que vale la pena mencionar: en el momento en que se utiliza la ley a la que acabo de aludir para proteger a un jugador como Zozulia, lo que se está haciendo es amparar mediante dicha ley contra la violencia, el racismo, la xenofobia y la intolerancia a una persona que está a favor de esa violencia, ese racismo, esa xenofobia y esa intolerancia. Que la primera vez en toda la historia de LaLiga que se suspende un partido haya sido para amparar a un jugador de ideología racista y con conexiones con la extrema derecha, para mí, resulta indicativo de que existe un problema. Porque en este caso sí se tuvo muy claro que no se daban las condiciones para que el partido pudiera proseguir.

No pasó lo mismo cuando Mouctar Diakhaby,[49] jugador del Valencia C. F., denunció que un jugador del Cádiz C. F., Juan Cala, lo había insultado durante un partido. En aquel momento, cuando el propio Diakhaby decidió abandonar el campo y sus compañeros lo siguieron en señal de protesta, el árbitro amenazó con sancionar al equipo si no volvía al campo para reanudar el encuentro. Qué diferencia, ¿no?

Estas son las consecuencias de aplicar aquello de que no se ven los colores. El presidente de la Liga Nacional de Fútbol Profesional declaraba que LaLiga condena todas las formas de violencia. Pero, al aplicar el daltonismo racial, se utilizan mecanismos pensados inicialmente para proteger

49. D. Bela-Lobedde, «El insulto es que no haya insulto», *Público*, 13 de abril de 2021. Disponible en: <https://link.desireebela.com/diakhaby>.

a personas pertenecientes a colectivos minoritarios y que requieren especial protección contra el racismo y los discursos de odio, en beneficio de quienes difunden el odio.

Volvamos a la cuestión del daltonismo racial y dejemos el fútbol de lado. Otro motivo por el que el daltonismo racial no sirve para justificar nada es tan sencillamente aplastante que suena hasta ridículo: todas las personas somos capaces de percibir, notar y reconocer las diferencias raciales cuando interactuamos con otras personas. De hecho, ese reconocimiento ocurre ya en la más tierna infancia, y entre los cuatro y los seis años las personas ya son capaces de mostrar estereotipos raciales y prejuicios en una amplia variedad de contextos; pero esa capacidad de distinguir si otros individuos forman parte del mismo grupo, o si forman parte de otro grupo, se empieza a formar a edades tan tempranas como a partir de los seis meses de edad.[50] Seis meses, no me estoy equivocando.

Si a tan temprana edad somos capaces de percibir que una persona es de nuestro mismo grupo racial o no, ¿cómo podemos después creer en la falacia del daltonismo racial y decir que no vemos colores? Puede deberse a que, con-

50. Y. Bar-Haim, T. Ziv, D. Lamy y R. M. Hodes, «Nature and Nurture in Own-Race Face Processing», *Psychological Science*, vol. 17, n.º 2, marzo de 2006, pp. 159-163. Disponible en: <https://link.desireebela.com/sesgo-intergrupal>. Se trata de un estudio que habla sobre cómo el sesgo intergrupal, que se concibe como una de las formas iniciales de prejuicio y está basado en una estrategia fundamental de supervivencia, se forma a edades tempranas, y menciona otros estudios que han hecho pruebas con niños de hasta seis meses de edad y han demostrado que ya eran capaces de establecer esa diferenciación.

forme crecemos, empezamos a evitar reconocer que sí percibimos esas diferencias raciales. Y lo hacemos porque se nos ha educado bajo la premisa de que ver esas diferencias raciales es negativo. Y en realidad no lo es. De hecho, verlas no es más que ser consciente de que existe la diversidad, porque no todas las personas somos iguales. La mayoría de las personas, si no tenemos ninguna discapacidad visual, percibimos esas diferencias. No debería haber motivos para negarlo. Pero creo que el quid de la cuestión radica en que se nos ha educado para pensar que, si queremos tratar a todas las personas por igual, no debemos ver sus colores. Cuando tal vez se nos debería educar para ver a las personas con todas sus diversidades y tratarlas de forma justa —que no igual—, respetando su dignidad.

Eludir la mención a la raza y caer, por lo tanto, en el daltonismo racial no es una forma de decir «¡Eh! ¡Yo estoy libre de prejuicios!». Básicamente porque nadie lo está. Todas las personas tenemos prejuicios. Miramos a las personas con las que nos relacionamos y, en función de nuestras experiencias previas, nos formamos opiniones acerca de esas personas, sin motivo y sin conocerlas previamente. Esto sucede sobre todo cuando se trata de personas a las que consideramos ajenas a nuestros grupos de referencia, ya sea por origen, religión, clase social, orientación social, capacidad, profesión, etcétera.

* * *

Cada vez que escucho a una persona adulta decir que está educando a sus criaturas para no ver colores, lo único que pienso es que las está educando para ser insensibles ante las diferencias injustas que genera el racismo. Y por eso mismo me da mucho miedo cuando el daltonismo racial se usa en entornos educativos. El hecho de no ver colores o considerar que la raza no es importante cuando sí lo es, perpetúa un sistema educativo en el que solo aprendemos las aportaciones de personas blancas europeas.

En pocas asignaturas se ofrecen referentes que no sean personas blancas, principalmente hombres, por supuesto. Eso deja muy pocas oportunidades para hablar de personas racializadas en lecciones que no estén relacionadas con la colonización y con la esclavitud. Además, en esos casos se presenta a las personas colonizadas desde una situación de pasividad; tampoco se explican las resistencias a la colonización que se dieron en distintos continentes. No se explica cómo la reina Nzinga Mbande plantó cara al ejército portugués. Tampoco se explica la revolución haitiana, que terminó con la abolición de la esclavitud en la colonia de Santo Domingo. Tampoco se habla mucho de los procesos revolucionarios de la India de finales del siglo XIX.

Lo único que se hace es destacar a figuras individuales como Martin Luther King Jr. o Mahatma Ghandi. Y no digo que no fueran personas importantes a las que no haya que conocer. Lo que digo es que, si se habla de Martin Luther King, hay que hablar del movimiento de boicot a los autobuses en la ciudad de Montgomery. Y hay que contar que las principales precursoras de ese boicot fueron mujeres negras —y no solo Rosa Parks—, que eran las que se subían a los autobuses para ir a trabajar a las casas de los blancos. En medio de todo este movimiento surge la figura de Luther King; y como no surge de la nada, hay que explicarlo. Porque cuando no se explican los contextos en los que surgen estas figuras, se refuerza la creencia de que fueron las excepciones que confirman la norma de que las personas negras o racializadas no hicieron nunca nada, cuando eso no es cierto.

Y este es el problema del daltonismo racial aplicado en los centros educativos. Cada vez hay más alumnado racializado. Estudiantes con otros orígenes que rara vez encuentran en las aulas a personas como ellas mostradas desde una perspectiva positiva. Ese es el trabajo que nos toca hacer a las familias en casa, para contrarrestar esa falta tan exagerada de referentes que tiene nuestra descendencia en el sistema educativo.

Otro de los problemas del daltonismo racial aparece en el momento de gestionar los conflictos ocasionados por el acoso escolar racista. Empecemos por el principio: el acoso escolar racista existe y hay que eliminarlo. Y para eliminarlo, primero hay que aceptar que existe y luego hay que saber qué hacer para prevenirlo, y en caso de que se dé, hay que saber cómo gestionarlo. Cuando desde los equipos docentes se afirma que en los centros educativos no hay problemas de racismo, está sucediendo algo muy peligroso. Y es que, de entrada, todo ese alumnado racializado que es víctima de ese acoso ve negada su experiencia.

El centro educativo es un lugar hostil para el alumnado racializado porque el racismo se puede manifestar en todas las relaciones que se establecen. Para empezar, y como ya he dicho, el currículum es racista por omisión: no se enseñan las aportaciones de personas racializadas a la filosofía, la literatura, el arte o las ciencias. Solo se tiene en cuenta lo que han hecho las personas blancas. Además de unos contenidos didácticos que invisibilizan a las personas racializadas, puede haber profesores con actitudes racistas en el centro educativo tratando con alumnado racializado. Eso se traduce en docentes que se niegan a pronunciar bien los nombres de ese alumnado; también puede haber docentes que hagan comentarios, burlas y chascarrillos ofensivos enmascarados en forma de «bromas». También las orientaciones pedagógicas pueden verse sesgadas por los prejuicios raciales del profesorado. Todavía hay docentes que orientan a los alumnos racializados hacia módulos profesionales porque consideran que las carreras universitarias son demasiado difíciles para el alumnado de origen étnico diverso. Eso le pasó a Andy, cuando un profesor, en el instituto, le dijo: «¿Pero los negros soléis llegar a este curso?».[51] Estos comentarios son claramente racistas.

Este alumnado racializado también se puede encontrar con situaciones racistas entre pares. Si hay alumnado no racializado generando situaciones de acoso, los profesores que no identifican esas situaciones como acoso racista, dirán que simplemente se trata de «cosas de niños» y no gestionarán el conflicto como es necesario.

Las situaciones de racismo para el alumnado no terminan ahí. En los centros educativos hay personal no docente (administrativo, de conserjería y de mantenimiento)

51. S. Faginas, «Un profesor me preguntó: "¿Pero los negros soléis llegar a este curso?"», *La Voz de Galicia*, 21 de marzo de 2018. Disponible en: <https://link.desireebela.com/racismo-educacion>.

que también puede ser fuente de violencia racista hacia el alumnado racializado. Y, en último lugar, pero no por ello menos importante, las familias no racializadas también pueden caer en conductas discriminatorias.

Como ves, el centro educativo no es un espacio amable cuando tu piel no es blanca. Y el hecho de que los claustros no asuman que hay problemas de racismo en los centros educativos pone en riesgo la vida de ese alumnado. Así lo vivió la pequeña Camila, que fue víctima de *bullying* racista durante tres años en el colegio al que asistía.[52]

En 2019, y cuando la niña ya tenía trece años, la familia de la menor denunció a la comunidad de Madrid por no aplicar correctamente el protocolo contra el acoso escolar. Camila es afrodescendiente, y algunos compañeros se burlaban de ella por su piel y por su olor. Según relata la madre de Camila, a la niña se le diagnosticó un cuadro de estrés postraumático.

Este 2022 nos dejaba con el impacto del intento de suicidio de Saray, una niña de diez años. En la carta que dejó antes de tirarse por la ventana de su casa, describía «el sufrimiento que padecía en el colegio por los supuestos insultos racistas y agresiones de los que era víctima desde el año pasado».[53]

Estos son solo dos casos. ¿Cuántos casos más habrá

52. Redacción, «El calvario de Camila, víctima de acoso escolar racista en Madrid: "La acorralaban, se metían con su piel, su olor"», *La Sexta Noticias*, 8 de octubre de 2019. Disponible en: <https://link.desireebela.com/camila>.

53. M. Fernández, «Una niña de 10 años se tira por la ventana por *bullying* en Zaragoza: su carta de suicidio», *El Español*, 13 de septiembre de 2022. Disponible en: <https://link.desireebela.com/saray>.

de los que no tenemos noticia? ¿Cuántas familias más habrá que teman por la salud mental y, al final, por la vida de sus criaturas, para las que el colegio se convierte en una fuente de peligro?

El racismo en las escuelas es un tema muy grave. Por eso mismo, los equipos directivos deben tomar medidas urgentes para atajarlo. He oído en demasiadas ocasiones decir a docentes que en los centros en los que trabajan no hay racismo porque hay niños de todas partes. Siento ser portadora de malas noticias, pero la diversidad *per se* solo es eso: diversidad. No implica nada más. Hay que aceptar que la diversidad puede generar conflictos. Y también hay que saber que, en general, no hay que vivir el conflicto como algo negativo, sino como una oportunidad para crecer y aprender de las diferencias, como decía Audre Lorde. Y para eso hay que dejar de decir que no vemos colores. Hay que ver los colores. Y hay que incorporar a las aulas los saberes y las referencias originarias de esas latitudes para que el alumnado de esos orígenes tenga referentes positivos.

* * *

Las empresas también son entornos en los que hay que revisar la cuestión del daltonismo racial. Si bien es cierto que últimamente en las empresas —las grandes empresas, básicamente— están proliferando los departamentos de Diversidad e Inclusión, todavía queda mucho por hacer. Se habla de competencias interculturales y se trabaja para crear entornos de trabajo inclusivos, pero muchas veces las plantillas de las empresas que dicen no ver colores están formadas predominantemente por personas blancas. Las empresas, públicas y privadas, tienen mucho trabajo por delante para eliminar las brechas profesionales y las escasas ratios de contratación de profesionales de orígenes étnicos y raciales diversos.

Hay que analizar cómo son los entornos laborales para personas racializadas cuando otras personas de la plantilla hacen comentarios racistas y luego pregonan que no ven colores. ¿Qué mecanismos de protección tienen esas personas? ¿Pueden acudir al Departamento de Recursos Humanos y formular una queja? ¿Qué pasa si la persona que incurre en conductas abierta o veladamente racistas, enmascaradas en paternalismo o infantilización, ocupa una posición de poder en la empresa?

Estamos hablando de entornos en los que una persona racializada tiene que lidiar con esos comentarios racistas, decidir si denunciarlos y atenerse a las consecuencias en caso de hacerlo (mayor incidencia de comentarios racistas e incluso el despido), o callarse para mantener su puesto de trabajo, aun siendo consciente de que esos comentarios pueden acabar erosionando su salud mental.

Además, el daltonismo racial puede justificar la negativa de las empresas a implementar cuotas. Sí, creo que las cuotas son necesarias. No como un fin, sino como un medio. Hay muchos sectores profesionales en los que apenas hay personas racializadas. Y, en muchos casos, no es que no haya personas racializadas con los estudios necesarios, sino que existe un sesgo que opera como discriminante laboral e impide que esas personas accedan a determinados puestos. Por lo tanto, las cuotas permitirían a las personas racializadas poder llegar a determinados puestos o a determinados sectores de actividad. Sin embargo, hay departamentos de recursos humanos, de gestión del talento y demás que dicen que no ven colores, ven personas. Pero todas las personas a las que contratan acaban siendo del mismo color (es decir, blancas). ¿Cómo se explica eso?

El informe del SAID (Servicio de Atención y Denuncias de SOS Racisme Catalunya) del año 2021[54] registró 334 situaciones de racismo, el 7 por ciento de las cuales fue por discriminación laboral. Puede que consideres que es un porcentaje muy bajo, pero debes tener en cuenta que muchas personas deciden no denunciar. Algunas son personas migrantes en situación administrativa irregular y tienen miedo de que la denuncia termine convirtiéndose en una orden de expulsión. Otras personas, extranjeras o no, puede que crean que denunciar no sirve para nada, y por eso, a pesar de vivir situaciones de discriminación racial en el trabajo, prefieren no decir nada.

Hay que combatir el daltonismo racial. Hay que hablar del hecho de que ignorar la raza no soluciona los problemas de racismo. Es un planteamiento muy cínico: si no vemos la raza, es que la raza no importa. Sin embargo, vivimos en sociedades en las que las razas no existen, pero el racismo genera problemas reales para millones de personas día tras día. Por lo tanto, ser una persona blanca y decidir obviar las consecuencias del racismo no contribuye a su desaparición, sino que perpetúa las desigualdades e inequidades relacionadas con el racismo.

54. <https://link.desireebela.com/denuncias-said>.

5

Antirracismo performativo: «aparentar» tiene más letras que «ser»

Hablamos de activismo performativo en los casos en que una persona apoya un movimiento teniendo un conocimiento muy superficial sobre el tema. También se suele llamar activismo teatral. Yo lo llamo activismo de mentirijillas.

El antirracismo performativo es más común de lo que pudiera parecer. De hecho, lo practican muchas personas. Su práctica activista consiste en sumarse a las grandes manifestaciones de antirracismo —sobre todo en redes sociales—, y ya está.

En mayo de 2020, después del asesinato de George Floyd, hubo una gran oleada de activismo performativo cuando millones de personas y empresas alrededor del mundo pusieron un cuadradito negro en sus perfiles de Instagram solidarizándose con el movimiento Black Lives Matter. En agosto de 2021, tras la toma de Kabul por parte de los talibanes, también hubo una oleada de activismo performativo, sobre todo por parte de mujeres blancas utilizando el hashtag #AsiloYa para reclamar la necesidad de protección y asilo para las mujeres y niñas afganas. En 2022, algunas mujeres europeas han aparecido en los medios de comunicación y en sus redes sociales cortándose dos centímetros de su melena en apoyo a las mujeres iraníes tras el asesinato de Mahsa Amini.[55] Y así, cada vez que una gran tragedia, sobre todo validada y difundida por los medios de comunicación generalistas, sacude las vidas de las personas que son víctimas del racismo, sobreviene una ola de activismo performativo.

El Mes de la Historia Negra es otro momento en el que se pueden dar puntas de performatividad. El Black History Month es una iniciativa que surgió en Estados Unidos como una forma de recordar la importancia de figuras y acontecimientos de la comunidad afroamericana. En la actualidad, como debes de saber, el mes de la historia negra está ampliamente reconocido en Estados Unidos, y también se celebra en Canadá, así como en Europa: en Irlanda, Holanda y el Reino Unido. A pesar de que en España el Mes de la Historia Negra no tiene la misma fuerza que en Estados Unidos —ni la misma fuerza ni el mismo apoyo institucional—, la celebración del Mes de la Historia Negra se «limita» a las iniciativas de asociaciones, colectivos y personas individuales afro que, en el caso de los dos primeros, pueden permitirse organi-

55. T. Balltesteros, «¿Por qué mataron a Mahsa Amini?», *Bikini-Burka*, 15 de septiembre de 2022. Disponible en: <https://link.desireebela.com/mahsa-amini>.

zar actividades de conmemoración (si tienen los medios económicos, claro), y en el caso de las últimas, se dedican a llevar a cabo sus propios trabajos de investigación y comparten en sus redes sociales información relevante relacionada con personajes afro. Pero, aun así, en España y durante el mes de febrero, hay personas que aprovechan para compartir contenido relacionado con el Mes de la Historia Negra estadounidense.

Quiero hablar de algunas de esas acciones que hacen que te consideres antirracista, pero que en realidad son acciones performativas que no aportan mucho. Considero necesario hablar de todas esas acciones que se llevan a cabo y que se considera que están bien hechas, aunque en realidad no aportan nada.

Este tipo de antirracismo, que es más de carácter moral y autocomplaciente, consiste en declarar públicamente un compromiso con el antirracismo, que en realidad no es tal. Porque está bien que uses el hashtag #BlackLivesMatter, pero está mejor que entiendas qué implica y, una vez que lo hayas entendido, pases del antirracismo performativo al antirracismo político y actúes.

Tras el asesinato de George Floyd en Minneapolis, hubo personas que, movidas por el afán de colaborar y mostrar su apoyo al movimiento antirracista, compraron camisetas con el lema Black Lives Matter a la organización estadounidense. Incluso sé de personas que hicieron donaciones. Sí, a Estados Unidos. Enviaron dinero para colaborar económicamente con un movimiento que nos queda muy lejos, no solo en cuanto a distancia, sino en cuanto a reivindicaciones.

Yo entiendo perfectamente que la gente esté ocupada: entre trabajar, estudiar, atender a la familia, no nos queda espacio para mucho más. Comprendo que se hace lo que se puede. Yo misma hago lo que puedo. Pero tenemos que saber qué significado tiene lo que hacemos, y también lo que no hacemos. Y cuando donamos, no se trata de donar y quedarse con la conciencia tranquila (de nuevo entra en juego el antirracismo moral) porque ya hemos hecho algo.

Sin embargo, aquí en España también suceden cosas terribles relacionadas con el racismo, y la mayoría de las veces no generan movilización. Esto enlaza con lo que digo de las donaciones y con el significado que tiene donar a una organización que lucha por los intereses de la población negra estadounidense. Que está bien, ojo; no digo que no esté bien. Lo que digo es que, al final, el imperialismo norteamericano se filtra en todo, y acaba impregnando hasta el antirracismo.

Yo siempre abogo por el antirracismo de kilómetro cero y de proximidad. Y eso pasa por entender la importancia de informarse acerca de lo que pasa en nuestra ciudad y en el Estado español con respecto al antirracismo. Es la única forma que tenemos de entender que las manifestaciones del racismo institucional en España son diferentes de las formas en que el racismo se manifiesta en Estados Unidos. Y que, si nos solidarizamos con lo que sucede a miles de kilómetros de distancia, también deberíamos ser capaces de mirar lo que está pasando mucho más cerca, en nuestros barrios, en las ciudades vecinas, y ver cómo el racismo impacta en las vidas de las personas que residen en el Estado español. De lo contrario, se producen contradicciones como que se apoye el movimiento antirracista estadounidense y se desconozcan las reivindicaciones antirracistas en España. Insisto, estas contradicciones se dan porque hay personas capaces de solidarizarse y reivindicar la importancia de unas vidas negras que están en otro continente, mientras ignoran las vidas de las personas negras que tienen al lado porque no entienden ni se preocupan en conocer el impacto que el racismo causa en el Estado español.

Recuerdo que, en 2020, la noche del 10 de diciembre, un incendio en una nave del barrio del Gorg, en Badalona, dejaba en la calle a más de doscientas personas que residían allí, y acababa con la vida de cuatro, que se sepa hasta el momento. La mayoría de las personas que habitaban en la nave eran africanas en situación administrativa irregular que se dedicaban mayoritariamente a la venta ambulante y a la recogida de chatarra.

El hecho de que todas estas personas viviesen en semejantes condiciones no es fruto de una elección personal. Es una consecuencia más del racismo institucional del Estado español, articulado a través de la ley de extranjería. Esta ley, racista en su concepción, configura un sistema que plantea serias dificultades a las personas migrantes, especialmente a las originarias de países del sur global, para acceder a las herramientas necesarias que les permitan llevar una vida digna, ya que la regularización de su estatus está plagada de trabas administrativas. En esas condiciones, aspirar a un trabajo digno con ingresos suficientes para alquilar una vivienda resulta muy complicado. Y aún es más complicado si tenemos en cuenta que muchas veces las inmobiliarias o los arrendatarios se niegan a alquilar a quienes no sean ni españoles ni blancos.

¿Por qué explico todo esto y qué tiene que ver con el antirracismo performativo? La relación está en que muchas personas blancas creen tener conciencia social, dicen que no son racistas y que pusieron el cuadradito negro en verano tras el asesinato de George Floyd en demostración de que las vidas negras importan, pero no mostraron el menor apoyo tras la pérdida de aquellas vidas en el incendio del Gorg, que también eran vidas negras. Se solicitaron donaciones económicas para comprar enseres y víveres para las personas que habían quedado en situación de desamparo tras el incendio; se intentó recabar ayuda económica para la repatriación de los cuerpos, y que se les pudiera dar sepultura cerca de sus familias, ya que ninguna administración pública quiso hacerse cargo. Pero la respuesta no fue masiva, ni mucho menos.

No nos engañemos. Hay vidas negras de primera y vidas negras de segunda. Y las vidas estadounidenses negras tienen más valor que las vidas negras africanas. Imagino que el proceso de deshumanización constante al que se ven sometidos los cuerpos negroafricanos por parte de los medios de comunicación a través del relato que se ofrece de ellos, contribuye a esa percepción diferente. La población estadounidense negra no deja de pertenecer a un país occidental, y eso da más puntos, mientras que las personas africanas siguen luchando por que se reconozca su humanidad. He ahí una diferencia. Por eso, en la práctica del antirracismo performativo se incurre en la contradicción de apoyar unas vidas y denostar otras, y a muchas personas no les resulta incongruente.

Hay más ocasiones en las que se cae en la práctica del antirracismo performativo. Por ejemplo, cuando las personas blancas se dan cuenta de que sus *timelines* en las redes sociales son muy blancos y se ponen a buscar perfiles de personas y organizaciones antirracistas. Es activismo performativo porque llenar el *timeline* de contenido antirracista, sin hacer nada más al respecto, no sirve de mucho. Crees que te sirve, porque si alguien te señala una «racistada», podrás decir «yo no soy racista, porque sigo a activistas antirracistas en las redes sociales». Eso y nada es exactamente lo mismo.

Puedes seguir tantas cuentas activistas antirracistas como quieras y proclamarlo a los cuatro vientos, o utilizarlo para practicar el excepcionalismo y desmarcarte cuando te señalen comportamientos racistas; pero recuerda que seguir por seguir no sirve de nada. Si no aprendes, si no te revisas, si seguir a esas personas no te lleva a la implementación de cambios, todo sigue igual.

Otro ejemplo de antirracismo performativo es el que llevan a cabo personas blancas que encuentran contenido racista en las redes sociales y le mandan el enlace a una persona negra diciéndole algo del estilo de «te mando esto para que lo denuncies». Querida gente blanca, esto se tiene que acabar. Lo digo muy en serio. Si tú eres una de las personas que hace eso, por favor, déjalo. Enviar contenido racista a una persona que experimenta racismo no está bien. Tal vez ya hayamos visto ese contenido. O tal vez no lo hayamos visto. O tal vez hayamos tomado la decisión consciente de no querer verlo. ¿Por qué? Porque ver y oír conductas racistas, en muchos casos, reactiva traumas, sobre todo si se trata de cuestiones de violencia muy explícita. Y la reactivación del trauma genera ansiedad.

Hay personas que se consideran antirracistas porque, cuando ven contenido racista en cuentas de redes sociales dicen «yo ya se lo he mandado a [inserte aquí el nombre de una persona negra] para que lo denuncie». Esto, además, es una jodienda, porque muchas veces el mensaje se recibe sin contexto. En ocasiones no es que no haya contexto, es que ni siquiera hay un saludo, ni un aviso de lo que la persona verá cuando lo abra, con lo cual aún puede generarse más ansiedad, o puede llevar a la persona a tomar la decisión de no abrir ese enlace. Por cuestiones de salud mental. No se cuida lo suficiente la salud mental de las personas negras que hablamos sobre antirracismo en las redes. No somos tablones de anuncios para publicitar cosas que interesan a otras personas. Tampoco somos la policía antirracista, que va de cuenta en cuenta señalando a las personas blancas sus conductas racistas. Esto está mal entendido.

La función de las personas que nos dedicamos al activismo antirracista es la divulgación y la educación; no la fiscalización constante. Es muy fácil dejar un enlace en un mensaje, endilgarle la tarea a otra persona negra y creer que eso ya es ser antirracista. Bueno, pues apréndetelo bien: eso no es antirracismo. Eso es una descarga de responsabilidad. Eso es pasarle el marrón a otra persona, una persona, además, a quien ese contenido le puede resultar hiriente.

Otra forma de practicar el antirracismo performativo es buscando la aprobación individual. O, dicho de otra forma, cuando una persona blanca busca que le den una palmadita en la espalda por sus «buenas acciones». Llevar a cabo acciones solo a la vista de personas y colectivos antirracistas para poder obtener reconocimiento es antirracismo performativo. Eso es buscar la medallita, el pin antirracista. Y eso no sirve, porque solo te hace parecer antirracista; nada más. De nuevo este tipo de actuaciones están muy basadas en una comprensión moralista del antirracismo. Se relaciona ser antirracista con ser buena persona. Además, en este caso, también hace acto de presencia la «salvación blanca», que está teñida de supremacía blanca.

El comportamiento de salvación blanca comprende las prácticas que llevan a cabo las personas blancas que, a través de su actuación, sienten que salvan o rescatan a personas racializadas de sus opresiones, sus dificultades, sus problemáticas. La industria cinematográfica ha potenciado tanto estas prácticas, que en la actualidad son ampliamente aceptadas entre muchas personas blancas que no ven nada malo en ellas. Al contrario, lo que esperan es una gratificación. Esperan ganar reconocimiento social por esas buenas acciones.

El comportamiento de salvación blanca se origina con la colonización y la proliferación de las misiones en las comunidades del sur global. Los religiosos de diferentes órdenes se desplazaban a esos territorios con la misión de convertir en fieles a los negros e indígenas, para redimirlos de su propia naturaleza. Las mujeres blancas adineradas se contagiaron de esta tendencia a salvar salvajes, como explicaré en el capítulo sobre la interseccionalidad y el feminismo hegemónico. Y así, la salvación blanca se fue extendiendo y ha ido evolucionando hasta llegar a la actualidad, en que se practica desde el sector de la ayuda internacional y la cooperación, y también mediante los viajes voluntaristas de personas particulares por el sur global. Con la impronta tan fuerte que tiene la salvación blanca tras siglos y siglos de afianzarse como algo positivo, es normal que las personas blancas que ayudan a los movimientos antirracistas sientan que deben ser recompensadas de alguna forma. Por eso hay personas blancas o con privilegio blanco que, cuando denuncian una situación racista, esperan obtener esa validación. Necesitan que alguien —una persona racializada— les diga que lo que han hecho está bien. Y si no obtienen ese reconocimiento, se sienten dolidas. El ego toma el control.

El problema es que llevar a cabo acciones antirracistas —o pretendidamente antirracistas— solo por una cuestión de reconocimiento personal es hacer las cosas por los motivos equivocados. El motivo que ha de impulsarte a pasar a la acción tiene que ser la toma de conciencia de que hay muchas dinámicas y acciones que están mal y que, en pro de una mayor justicia social, hay que actuar para corregirlas. La mayoría de las acciones antirracistas debes llevarlas a cabo en tu día a día. Primero encargándote de tu propio (des)aprendizaje, ejerciendo la autocrítica, dándote cuenta de todas las conductas y enseñanzas sesgadas que has recibido. Y después, en tu entorno cercano. Y eso no lo tienes que hacer solo cuando haya personas negras delante de ti para demostrar cuán antirracista eres.

Además, ninguna persona negra necesita participar del *show*, así que no pretendas que nadie te felicite por ser antirracista cuando es parte de tu responsabilidad. No pongas a ninguna persona negra en esa tesitura: es incómodo y molesto. Así que piensa menos en tu ego y más en cómo afecta tu actitud a las personas negras cuando te manejas en esos términos.

Otra variante de esta necesidad de aprobación es difundir mensajes de activistas antirracistas en redes sociales y esperar que te respondan dándote las gracias por haberlo compartido. De nuevo, si compartes el contenido es porque consideras que es valioso para tus contactos y para tu comunidad; porque crees que es una información que aportará una nueva e interesante perspectiva a las personas que la lean. No esperes un mensaje de agradecimiento. Así que, si llega el agradecimiento, bien; pero si no llega, no caigas en pensamientos del estilo de «¡ya le vale! Encima que comparto lo que publica, ¡no me dice nada! ¡Menuda desagradecida!». Nadie que se dedique al activismo antirracista te debe nada. Ni explicaciones, ni agradecimiento. Porque, recuérdalo bien, no haces todas esas cosas ni compartes esos contenidos para que reconozcan lo buena persona que eres. Lo haces porque es justo.

La alianza performativa también se da cuando solo valoras la educación antirracista si la obtienes de forma gratuita. Ya, ya sé que me estoy metiendo en un jardín, pero es así. También tenemos que hablar de dinero, porque, según qué inversiones hagas, puede que estés practicando el antirracismo.

La gente blanca cree que la esclavitud terminó hace casi dos siglos. Sin embargo, las personas negras sabemos que eso no es así. Como leía en una publicación reciente de No White Saviors, en Instagram, «la colonización nunca terminó. Simplemente se volvió más sofisticada». Pues con la esclavitud, lo mismo. Simplemente se ha convertido en una opresión más pérfida y, además, socialmente aceptable. Lo que no ha cambiado en absoluto es el hecho de que en la actualidad las mujeres y feminidades negras seguimos sin que nos retribuyan una gran parte del trabajo que realizamos. Hay muchas personas blancas que siguen esperando que las personas negras trabajemos gratis.

Yo tengo una lista de suscripción a la que envío un boletín cada semana. A través de esta plataforma de comunicación —mucho más fiable y directa, ya que me permite acceder a las bandejas de entrada de quienes se suscriben sin algoritmos ni censuras de por medio—, envío reflexiones sobre temas que considero interesantes. Y como también me dedico profesionalmente a la educación antirracista, cuando hago un lanzamiento de alguna de mis formaciones, también lo anuncio a las personas suscritas. Recuerdo que estaba promocionando el lanzamiento de uno de mis cursos, cuando una persona que estaba suscrita a la lista me respondió el correo diciéndome que ella se había apuntado a la lista para recibir información de antirracismo, y no publicidad. Me resultó muy curioso, porque en el correo yo no estaba haciendo publicidad de, no sé, galletas o cosmética: estaba anunciando que iba a impartir un curso con el que poder seguir recibiendo información y educación antirracista. Pero claro, el curso era de pago, y eso no le gustó.

Las mujeres negras y de otros orígenes raciales invertimos una cantidad desproporcionada de tiempo en llevar a cabo un trabajo emocional que la mayoría de las veces no es retribuido. Nos pasamos horas en las redes sociales practicando la pedagogía, educando a la gente blanca acerca de las desigualdades que sufrimos las personas racializadas en diferentes ámbitos de la vida: educación, vivienda, criminalidad... ¿y qué recibimos a cambio de esta labor agotadora? Racismo, acoso, exposición o amenazas de muerte. No hablo de oídas; esto me sucede más a menudo de lo que me gustaría. Aun así, no podemos dejarlo. Nuestra supervivencia, nuestra existencia, depende del hecho de que las personas blancas reconozcan que, aun sin pretenderlo, nos oprimen. Vivimos en un sistema blanco supremacista que legitima esta discriminación y este maltrato. Esto va más allá de las intenciones que la persona blanca tenga o no de ofendernos. Hablamos de una estructura que nos jode la vida a cada momento.

Nuestro bienestar emocional depende del hecho de posicionarnos y de recuperar espacios. Y esto, además de que implica luchar contra la supremacía blanca, conlleva un coste emocional muy alto. Por este motivo, especialmente en mi cuenta de Instagram, insisto en remarcarles a las personas racializadas cuán importantes son los autocuidados. Y, dentro de los autocuidados, la salud emocional es fundamental. Sufro cuando percibo cómo mis compas negras —o de otras etnicidades— se sienten casi al límite por causa de los abusos y la presión a los que se ven sometidas por parte de las personas blancas con sus interacciones violentas y racistas. Además, en una comunidad en la que los sueldos suelen ser raquíticos —cuando existen— no resulta fácil procurarse los cuidados de una terapia. Pero más complicado es todavía cuando muchas de las personas que se dedican a las terapias no incorporan la perspectiva de raza. Así que imagínate lo que debe de ser acudir a unas sesiones de terapia psicológica y tener que ponerte en plan pedagoga con la persona que te las imparte, porque no alcanza a entender cuál es realmente tu problema.

Muchas personas blancas en las redes sociales se llenan la boca diciendo cuánto han aprendido gracias al trabajo de muchas maestras negras. Algunas lo dicen abiertamente, desde la humildad. En cambio, otras, que disponen de medios y plataformas sociales con mucha difusión, se limitan a robar nuestros discursos y a apropiarse de nuestras reivindicaciones. Se cuelgan la medallita de buena aliada antirracista, aunque no lo son, claro, y jamás citan a sus fuentes, es decir, todas las mujeres negras de las que aprenden.

Si tú eres una de esas mujeres negras o racializadas que a diario ofrece contenidos que ayudan a abrir los ojos a las personas blancas, desde aquí te agradezco y honro tu labor. Y por eso quiero recordarte que no puedes estar dando continuamente si no recibes; también por eso quiero que seas consciente de tu valor y no olvides reclamarlo. Si eres activista digital, bloguera, youtuber o creadora de algún otro contenido digital; si estás comprometida en la lucha contra la opresión y a favor de la liberación de las personas racializadas, tu experiencia y tu pericia deben ser reconocidas. Crea tu cuenta en PayPal.Me o en Patreon; o activa las insignias en Instagram cuando transmitas en directo para obtener compensaciones económicas por el trabajo que llevas a cabo educando a las personas blancas para que no sean racistas.

Más allá de lo que ofreces de forma gratuita en tus redes sociales, si hay personas blancas que te insisten repetidamente a través de mensajes privados para que les resuelvas dudas particulares, establece unas tarifas para una sesión de asesoría personalizada, porque eso es lo que te están pidiendo. Tu tiempo, tus conocimientos y la energía que vas a invertir en responder a esas personas merecen ser compensadas económicamente.

Si eres una de esas personas blancas honestas que reconoce y agradece todo el trabajo que muchas mujeres y feminidades negras (y de otros orígenes) llevamos a cabo en las redes sociales, y consideras que lo justo es apoyar económicamente todos esos esfuerzos, a continuación te sugiero algunas ideas.

No te limites a difundir en las redes sociales. Muestra tu reconocimiento a todas esas mujeres y feminidades negras a las que ya sigues en redes sociales. No te limites a seguirlas en Twitter, Facebook o Instagram: visita sus webs. Déjales una propina en su cuenta de PayPal. Si esa mujer a la que sigues no tiene cuenta en PayPal, contacta con ella y pregúntale de qué forma puedes compensarla por todas sus enseñanzas.

También puedes donar tu tiempo o tus habilidades. ¿Vas mal de pasta? Lo entiendo, vivimos tiempos complicados y a veces cinco o diez euros marcan la diferencia para llegar a fin de mes. Si no puedes hacer una aportación económica, plantéate otro tipo de contribuciones con las que puedas mostrar tu apoyo a esas mujeres negras de las que tanto aprendes. Dona tu tiempo o tus habilidades. Si una de las activistas a las que sigues necesita unos conocimientos de los que no dispone y tú sí, ofrécete a colaborar poniéndote a su servicio y ayúdala.

Haz tus compras en emprendimientos de mujeres y feminidades negras (o de personas negras en general). Adquiere libros escritos por autoras negras, compra sus productos, contrata sus servicios. Hay muchísimas personas negras profesionales. Si el producto o servicio que quieres adquirir lo proporciona una persona negra o de otro origen étnico o racial, cómpraselo o contrátaselo a ella, contribuye a su economía, hazle publicidad en tus redes sociales, compártelo en tus círculos y recomiéndala a tus contactos para que la conozcan y la tengan en cuenta.

Deja de pedir trabajo gratis. Esto es muy importante. Todo trabajo, incluso el emocional y psicológico, es digno y merece ser compensado. Tanto si estás en un entorno online como en una reunión presencial y estás a punto de pedirle a una persona negra a la que no conoces que te enseñe o te eduque acerca de algo, que comparta su opinión sobre algún tema «como persona negra», o si le vas a pedir que te explique por qué otra persona negra dijo o hizo algo en las noticias... ¡PA-RA! O, por lo menos, ofrécete a pagar por su tiempo.

Otra idea que debes tener en mente es que tú no eres el centro. Recuerda: sal del foco y guarda tus lágrimas y tu fragilidad blanca cuando te digan que, al hablar sobre racismo y antirracismo, el centro no eres tú. El centro le corresponde a quienes más sufren esa opresión, así que ni tú ni tus intenciones ni nada que tenga que ver contigo va a ir por delante de eso. Y, evidentemente, salir del centro significa que no puedes pretender liderar una lucha que no te corresponde.

El último consejo es que pagues a tus maestras. Las mujeres y feminidades negras están señalando su trabajo no remunerado y abriendo cuentas en aplicaciones de pago y sitios de financiación colectiva o patrocinio para apoyar su trabajo y enseñanza contra el racismo. Si de verdad apoyas y agradeces su trabajo, si de verdad admiras su dedicación, págales. O sea, paga con dinero de verdad; no con emojis de corazones y besos. Porque todos esos «me gusta», esos «repost» en Instagram, esos mensajes privados agradeciendo el esfuerzo, no nos pagan la conexión a internet, ni el ordenador, ni las suscripciones de pago en las que invertimos dinero para que, además de aprender, el contenido te resulte atractivo. Y no hablemos, evidentemente, de las horas de trabajo o de privación de sueño que implica el trabajo de investigación que hay detrás de todo lo que mostramos, porque ofrecer todo ese material implica un proceso de formación y aprendizaje constante.

Estas serían algunas formas de gratificar económicamente el trabajo que muchas mujeres hacemos en redes sociales. Vivimos en una sociedad muy instalada en la cultura de lo gratuito y, evidentemente, no todo puede serlo. Valora todo lo que estás aprendiendo, que es mucho.

Sigamos con más ejemplos de antirracismo performativo. Ahora toca hablar de la práctica de la *esloganosis*. Esta palabreja la aprendí de mi querida Virginia Moll,[56] e inmediatamente pensé «¡me encantaciona!» —es la expresión que utilizo cuando algo me encanta y me emociona—. Bien, como seguramente ya te estarás imaginando, la *esloganosis* es el uso permanente de eslóganes. Y eso es algo que abunda en el antirracismo performativo. A saber: «Solo existe una raza: la humana», «yo no veo colores: veo personas». Estos son dos de los eslóganes más manidos, pero hay muchos más, te lo aseguro.

No sirve de nada que practiques la *esloganosis*. Y aún menos que lo hagas en fechas señaladas, como el 21 de marzo. Y si, encima, tienes los arrestos de decirlo delante de personas negras, ya es el remate. Por favor, no lo hagas.

Los eslóganes no ayudan. Son frases que te hacen parecer antirracista, pero en realidad ponen muy de manifiesto tu performatividad. Al emplearlos, estás demostrando que no has profundizado en el tema y que no sabes que esos eslóganes son mentiras que solo se pueden decir desde el privilegio de la blanquitud, así que es importante —me atrevería a cambiar «importante» por «urgente»— que dejes de decirlas. Ten presente que decir que no ves colores es una expresión del daltonismo racial. Tienes todo un capítulo en este libro dedicado a él, y puedes repasarlo siempre que lo necesites.

56. Virginia Moll es *copywriter*.

No quiero que termines la lectura de este capítulo y pienses que lo único que hago es prohibir, prohibir y prohibir —en realidad, no lo hago; tú eres libre de hacer lo que te plazca— y no propongo nada al respecto.

Lo que te sugiero que hagas es, a la vez, fácil y difícil.

Empieza por coger tu cuaderno, párate a pensar y después escribe.

- Haz una lista de las cuentas antirracistas que sigues en las redes sociales. Valora si realmente las sigues y lees sus contenidos. Pregúntate por qué las sigues y qué te aportan, y escríbelo. Si hace mucho que no lees sus contenidos, pregúntate realmente si te sirve seguirlas. Otra cosa es que no veas sus contenidos porque las redes sociales nos lo ponen difícil reduciendo nuestro alcance, con cambios constantes en el algoritmo y cosas por el estilo; pero si no se trata de eso, sino de que no te interesa su contenido, plantéate dejar de seguirlas. Aunque, si dejas de seguirlas, estás haciendo una declaración bastante clara de cuánto te importa la educación antirracista. Si, por el contrario, quieres seguirlas, activa las notificaciones para que te lleguen avisos cuando publican, o suscríbete a sus boletines y a sus actividades y cursos, si los ofrecen.
- Piensa si cuando mandas mensajes a activistas antirracistas solo es para dejarles enlaces y contenido a fin de que ejerzan de policía antirracista, o para que te den su opinión sobre lo que has compartido. Si has hecho cualquiera de las dos cosas, reflexiona

sobre por qué y cuándo lo has hecho, y si has tenido en cuenta que el mensaje que has enviado podría causarle angustia al destinatario. Escribe qué otras cosas podrías hacer en lugar de esas.

- ¿Has buscado alguna vez la aprobación de una persona negra? Revisa tu actitud. Piensa si alguna vez has sentido la necesidad de que una persona que lucha contra el racismo valide tu actuación. ¿Por qué te ha surgido esa necesidad? ¿Qué ha significado esa validación para ti? ¿Qué crees que ha significado para esa persona tener que validarte?
- ¿Te ha dado alguna vez un ataquito de *esloganosis*? ¿En qué situación has utilizado los eslóganes y qué pretendías con ello?

Recuerda: estas preguntas son para ti, para que reflexiones, para que ejercites tu espíritu crítico. De nuevo, no sirve de nada que leas esto y no te pares ni siquiera un momento a reflexionar. Llevar a cabo este tipo de ejercicios te ayudará a practicar un antirracismo consecuente y a alejarte del antirracismo performativo, así que tómate tu tiempo para trabajar en estas preguntas y responderlas. Si no, puede que creas ser antirracista, pero no lo eres.

6

Racismo, xenofobia, migración y otras cuestiones que causan confusión

En este capítulo quiero hablar de esos momentos en los que se confunden cuestiones que parecen similares, pero en realidad no lo son.

Suele ser muy habitual que la gente mezcle el racismo con la xenofobia, cuando en realidad no son lo mismo. Otra cosa que también suele suceder es que las personas creen que algunas cuestiones relacionadas con el racismo no son racismo, sino clasismo. Así que este capítulo en realidad trata de cuando se mezclan churras con merinas, y al final se acaba desvirtuando la existencia del racismo para enmascararlo o diluirlo en otras cuestiones y así evitar tener que abordarlo.

Empecemos por el racismo y la xenofobia, que no son lo mismo, pero a menudo hay personas que suelen confundirlos o equipararlos. Voy a tomar, como punto de partida, una respuesta que me dio una persona que me sigue.

En uno de los boletines que envío semanalmente,[57] a principios del año y con motivo de la práctica del *blackface* que sigue estilándose en muchas localidades durante la cabalgata de los Reyes Magos, mencioné el sobreesfuerzo que se les exige a las personas migrantes racializadas para que se integren en la sociedad de destino. Y añadí lo siguiente: «Si tú eres una persona blanca de origen alemán o británico y llevas más de una década en España sin hablar ni papa de español, las exigencias van a ser diferentes».

La persona que me contestó a través de Instagram, cuando compartí ese fragmento a través de mis stories, me dijo: «No estoy de acuerdo con que a las personas no racializadas no se las presiona para que se "adapten". Vivo en UK desde hace cinco años y me he tenido que oír toda clase de perlas por ser de fuera».

Ese comentario me lleva a pensar en la necesidad de hablar sobre algunas cosas que sé que pueden escocer, pero es necesario hacerlo para aclarar conceptos.

No podemos mezclar las cosas. ¿A qué me refiero con esto? A que estamos hablando de temas diferentes. O, como dice el refrán, que estamos mezclando churras con merinas. Te explico por qué en un par de puntos:

- Para empezar, yo no dije que no haya presión por adaptarse siendo una persona no racializada. Lo

57. Todas las semanas envío por correo electrónico un boletín con reflexiones para que las personas que lo reciben vean temas de actualidad desde una perspectiva afrocentrada y antirracista. Puedes apuntarte desde el siguiente enlace: <https://www.desireebela.com/aprende-gratis/>.

que dije fue, y me cito de nuevo, que «las exigencias van a ser diferentes». Y eso no es lo mismo que decir que no hay presión. Eso, en primer lugar.

- No estoy hablando de lo que pasa en el Reino Unido, donde residía la persona que me contestaba. Yo no sé qué pasa en el Reino Unido, porque vivo en España, y era de eso de lo que estaba hablando. Y en España, hasta donde yo sé, y por lo que veo, por lo que me cuentan y por lo que a veces me pasa a mí, cuando creen que soy una mujer migrante, lo que sucede es precisamente eso: que a las personas de otros países se les imponen unas exigencias distintas.

De entrada, cuando las personas migrantes son blancas y occidentales, se las considera extranjeras. En cambio, si son personas racializadas, se las considera inmigrantes. Eso ya establece unas jerarquías que se manifiestan en un trato diferente. Para saber más sobre este tema, puedes leer el capítulo «Anna», en mi libro *Minorías*, donde hablo con Anna Fuchs, una mujer hija de tercera cultura, de madre filipina y padre alemán. Su relato ilustra perfectamente las diferencias de las que hablo.

Una persona blanca migrante puede recibir un trato xenófobo, pero no un trato racista. En cambio, una persona racializada ni siquiera tiene que ser migrante para experimentar el racismo. Así que no es lo mismo. Y precisamente por esto, en la medida de lo posible, las personas blancas que han migrado y han vivido situaciones difíciles, deberían evitar sacarlas a colación cuando se habla de racismo, como si fueran situaciones similares, porque no lo son.

Y, *ojo cuida'o*, que ya me lo veo venir: no estoy negando la experiencia de las personas blancas que han vivido episodios de xenofobia por ser migrantes. Esto que quede bien claro. Lamento mucho las situaciones de discriminación xenófoba que hayan podido sufrir esas personas, pero no tienen nada que ver con el racismo.

Entonces, ¿qué es la xenofobia? La xenofobia es «miedo y odio a lo extraño o a las personas extranjeras».

El racismo, por su parte, tiene un rango de significados más amplio. Entre ellos, se incluye, por ejemplo, la creencia de que la raza es el principal determinante de los rasgos y capacidades humanas, y de que las diferencias raciales son indicativas de la superioridad inherente de una raza en particular —en este caso, hablaríamos de supremacía blanca—. También comporta la construcción y la perpetuación de un sistema político y social basado en esa supremacía.

Con esto intento explicar que una persona blanca que migra a otro país no sufre racismo, sino xenofobia. Así pues, hablar de la experiencia propia como persona blanca migrante, cuando se está hablando de una opresión sistémica e histórica apoyada en un sistema que genera situaciones de discriminación racial, no ha lugar. Porque no son situaciones similares y, por tanto, no se pueden comparar.

Y esto nos lleva a otro tema: si hablamos de racismo, hablamos de racismo; no de xenofobia. Y si hablamos de racismo, una experiencia de la que tú, como persona blanca que eres, careces, te sugiero que escuches y prestes atención. Así que, por favor, como digo muy a menudo, no te coloques en el centro. Si hablamos de racismo, tú no eres el protagonista de la historia, de modo que procura no colocar tu relato de discriminación xenófoba, si la has vivido, en el centro de la conversación.

No quieras mostrarte comprensivo hablando de lo que te pasó cuando migraste o cuando estuviste de vacaciones o de voluntariado en [inserte aquí país del sur global de su elección]. Aunque se tratara de una experiencia desagradable —insisto, no cuestiono que lo fuera— no es lo mismo. Cuando haces eso, estás desplazando del centro a una persona racializada que está hablando de una experiencia dolorosa y te estás centrando en ti.

Tenemos que aprender que no siempre es necesario decir algo. No hace falta tener siempre la última palabra, ni añadir una puntillita. No es necesario. Y si sientes que, aun sin ser necesario, quieres decir algo para intentar reconfortar a la persona que comparte contigo su dolor, ¿qué tal si pruebas con un «lamento mucho que te pasara esto; debió de ser doloroso»? ¿O con un «no puedo ni imaginarme lo mal que debiste de pasarlo»? Porque, créeme: seguro que no puedes.

Déjame que te cuente otra experiencia que va en esta línea y que sucedió cuando participé en un coloquio organizado dentro de las actividades de la Setmana del Llibre Social. En este coloquio, que tuvo lugar en la librería Documenta —una librería chulísima que, si no conoces, te recomiendo ya—, participamos Imane Raissali, conocida como Miss Raissa en las redes sociales, mi querida Safia El Aaddam y yo misma.

Aprovechando la presentación de nuestros respectivos libros, se propuso una charla sobre género, racismo e identidad. Después de que tanto Imane como Safia y yo misma hablásemos de cuestiones relacionadas con nuestras identidades, con el racismo estructural y con la islamofobia, se abrió un turno de intervenciones del público y una señora (blanca) intervino para decir que su marido había viajado a Alemania y las chicas alemanas no lo querían. «Era rubio con los ojos azules, y las chicas no lo querían. Así que él también sufrió racismo». Le respondí que no. Que su marido no había sufrido racismo. La señora me miró mal, claro, y pretendía seguir manteniéndose en sus trece. Y, oye, no me voy a cansar de decir esto.

Una persona blanca que migra no sufre el racismo estructural que denunciamos desde los movimientos antirracistas, porque una persona blanca no sufre discriminación por el color de su piel. No voy a entrar en el curioso hecho de que la señora solo valorase o hiciese mención de que *las chicas* no querían a su marido; pero en el caso de que *las chicas* —y quienes no eran *las chicas*—rechazasen a su marido, no debió de ser porque era rubio y con ojos azules. En todo caso, probablemente fue porque era español —imagino—, en la Alemania de las décadas de los sesenta o los setenta del siglo pasado. Pero ese rechazo no tiene que ver con el racismo.

Insistí, y le dije a la señora lo que ya he dicho tantas veces. Yo no voy a negar las experiencias negativas que otras personas blancas hayan podido vivir al haber migrado. No soy quién para negarlas; pero vamos a llamar a las cosas por su nombre. Sobre todo, porque en Alemania, la población es mayoritariamente blanca. Así que, si una persona blanca de otro país viaja Alemania y se siente rechazada, lo que está sufriendo esa persona es xenofobia, pero no racismo.

Es hora de dejar de llamar racismo a todo lo que no lo es. Y una persona blanca en una sociedad mayoritariamente blanca, como el caso de este señor, no sufre racismo. Y no sufre racismo precisamente porque es blanca. No existe toda una construcción sistémica diseñada para dificultar la existencia de las personas blancas por el hecho de ser blancas. Sé que me estoy repitiendo, pero me parece importante que quede claro.

Y sí, hay personas blancas que migran y que no lo tienen fácil, pero el color de su piel no es algo que añada una dificultad más a su proceso migratorio. Vivimos en sociedades supremacistas blancas y, como tales, están diseñadas y pensadas para y por personas blancas.

* * *

Quiero seguir hablando de estas cuestiones con otro ejemplo más.

Hace ya algún tiempo, mi querido amigo Laurent Leger Adame[58] me mandaba un mensaje por WhatsApp preguntándome algo muy interesante, que era lo siguiente:

58. Laurent Leger Adame es fotógrafo y creador de la revista *Melancólie Magazine*, un proyecto fotográfico de lo más interesante.

¿Para ti una persona blanca de Argentina o Uruguay forma parte de la diversidad? Me dijo una chica que los blancos argentinos o del país que sea en América Latina sufren racismo aquí.

Hablemos sobre esto, porque me parece interesante. Tenemos que hablar de diversidad, de racismo y, una vez más, de xenofobia. Vamos allá.

Empecemos por la diversidad. Una persona blanca de Argentina, de Uruguay, de donde sea, es diversa, porque todas las personas lo somos. A pesar de que cuando se habla de diversidad la gente suele limitarse al género y a la racialización, cualquier persona, por ser como es, es diversa. Y la diversidad es lo que nos hace únicas. Así que, sí: cualquier persona blanca de Argentina o Uruguay forma parte de la diversidad.

Eso sí: hay aspectos de la diversidad de las personas, que son más susceptibles de generar situaciones de violencia y opresión: el género, el origen racial, las capacidades... Entonces, a mi modo de ver, una persona blanca de Argentina o Uruguay no sufre racismo aquí en España por el mismo motivo que el marido de la señora de la que hablábamos antes no sufrió racismo en Alemania.

Entonces, ¿qué es lo que puede sufrir una persona de cualquier lugar de Abya Yala[59] en España? Pues la respues-

59. Abya Yala es el nombre dado por el pueblo Guna al territorio actualmente conocido como Sudamérica. Abya Yala significa «tierra en plena madurez». El uso de Abya Yala para nombrar al continente es una postura política e histórica de reconocimiento del nombre dado por las poblaciones originarias, y evitar los nombres de América o Nuevo Mundo, que fueron impuestos durante la colonización.

ta no es sencilla, la verdad. Una persona blanca de Abya Yala puede sufrir xenofobia. Además, las personas que migran desde territorios del sur global se ven sujetas a las situaciones de discriminación que genera la ley de extranjería y por eso, por tener un Número de Identificación de Extranjeros (NIE) y no un DNI, se van a ver inmersas en una marea de discriminación institucional que les hará la vida difícil de muchas formas.

Pero, además, la supremacía blanca impone algo llamado etnocentrismo lingüístico, que es una forma de violencia epistémica. Hablemos un poco de este tema.

La violencia epistémica es una forma de invisibilizar a la otredad, y de negarle su capacidad de autorrepresentación. Desde esta violencia epistémica, el etnocentrismo lingüístico contribuye a la invisibilización de otras lenguas, bajo la premisa de que la lengua propia es más válida, útil y, a fin de cuentas, mejor que las demás. Y eso es algo que ha pasado con la colonización. Las lenguas occidentales y colonizadoras —el inglés, el francés, el español o el portugués— se impusieron en otros territorios, haciendo creer a la población de esos territorios que sus lenguas originarias eran inferiores. Despojaron de valor todas esas lenguas y las rebajaron al nivel de dialecto —y así siguen siendo consideradas por muchas personas en Occidente, y también por muchos habitantes de esos mismos territorios—, minimizando su valor.

Ese mismo etnocentrismo lingüístico que invisibiliza las lenguas no occidentales, también impone unas formas válidas de hablar las lenguas occidentales. Por eso muchas veces las personas procedentes de Abya Yala se ven siendo humilladas por la forma en que hablan en español y por las expresiones que utilizan.

Esto puede apreciarse en ámbitos tan cotidianos como el sistema educativo, cuando algunos docentes corrigen al alumnado descendiente de territorios de Abya Yala. O cuando personas adultas se ven ridiculizadas por su acento. Otra circunstancia en la que esta realidad se pone de manifiesto es cuando se pretende infravalorar el conocimiento de lenguas no occidentales. Eso le sucedió a Sani Ladan, cuando quiso incluir el hausa y el fular en su currículum.[60] También se da este etnocentrismo y esta violencia cuando las personas occidentales se ponen a imitar esos acentos para mofarse de esas personas, algo que sucede habitualmente en el sector del humor y la comedia; y con ello no pretendo meterme en el jardín de los límites del humor. Pero estas son algunas de las cuestiones que me vienen a la mente cuando pienso en si una persona blanca originaria de Abya Yala sufre discriminación o no.

Por supuesto, hay que tener muy presente que, cuanto más oscura sea la piel de las personas de Abya Yala, más ejes de opresión se añadirán a su experiencia. Pero, sí, resulta que todas estas discriminaciones emanan de la supremacía blanca y del eurocentrismo.

Aquí que te dejo algunas preguntas para que reflexiones:

60. Tuit de Sani Ladan: «Me acaban de decir con desprecio que los idiomas africanos (hausa y fular) que tengo incluidos en mi CV no me van a servir de nada, porque "solo se habla en tribus africanas"». Disponible en: <https://link.desireebela.com/sani-idiomas> (consultado el 22 de diciembre de 2022).

- ¿Alguna vez has dicho, siendo una persona blanca, que has sufrido racismo?
- ¿Te ha quedado claro ahora por qué no has sufrido racismo?
- ¿Entiendes la diferencia entre racismo y xenofobia?
- ¿Serías capaz de explicársela con tus propias palabras a alguien de tu entorno? Haz la prueba escribiendo en un bloc de notas cómo lo explicarías.

Otra cuestión de la que quiero hablar es de la relación que muchas personas establecen constantemente —e innecesariamente, por supuesto— entre migración y negritud. Para ello te voy a contar algo que me pasó en LinkedIn.

Había organizado un coloquio sobre *misogynoir*[61] en el que yo iba a participar como moderadora e intervendrían tres compañeros: Marra Junior, que hace un trabajo fantástico desde Médicos del Mundo Euskadi, Mari Drammeh, que forma parte del colectivo Sàgoe Olot, y Bronny, que escribe artículos interesantísimos en la Revista Negrxs. Quería hablar con ellos para que me explicasen qué opinión les merecía la *misogynoir*, puesto que se trata de una opresión que los hombres negros también ejercen contra las mujeres negras. Así que organicé esta conversación.

Cuando compartí el enlace desde el que se retransmi-

61. La *misogynoir* es un término acuñado por la feminista Moya Bailey para referirse a la misoginia dirigida específicamente a las mujeres negras en la cultura visual y popular estadounidense.

tiría el coloquio sobre *misogynoir*, una mujer blanca dejó este comentario:

«Enhorabuena a todos aquellos que realmente hacéis algo de verdad por crear un mundo mejor. Cuantos más crucéis la frontera y vengáis a abrirnos los ojos, mejor. Los inmigrantes sois el verdadero cambio que la sociedad necesita. Yo también he sentido miedo y prejuicios, me encanta asumir mis limitaciones, aunque también me cuesta, soy imperfecta, pero os quiero dar las gracias y una bienvenida a España, porque creo que sois muy necesarias aquí. Gracias por abrirnos los ojos, y por vuestra cultura e intelectualidad. Enhorabuena por los logros conseguidos y por todos los que conseguiréis. La verdadera cultura está en la diversidad. Os necesitamos. Un abrazo».

Repasemos el mensaje.

El texto de mi publicación era: «Mesa redonda en la que estaremos hablando sobre *misogynoir* con Marra Junior, Mari Drammeh y Bronny». Nada más. Esta persona vino a dar la enhorabuena por la organización de una mesa redonda de la que posiblemente no sabía nada, ya que el concepto de *misogynoir* es bastante desconocido en el contexto español, por eso hablé de ello cuando escribí sobre el suceso de Chris Rock, Jada Pinkett-Smith, Will Smith y el bofetón en los Oscar.[62] En cualquier caso, esta mujer decidió que tenía que felicitarnos por hacer algo *de verdad*, por crear un mundo mejor.

Sigamos.

62. Si quieres leer ese artículo sigue el siguiente enlace a mi columna en *publico.es*: <https://link.desireebela.com/misogynoir-jada>.

La frase «Cuantos más crucéis la frontera y vengáis a abrirnos los ojos, mejor» es un verdadero despropósito. De entrada, la expresión «cuantos más crucéis la frontera» es de lo más problemática. Primero porque, una vez más, se relaciona la negritud con la migración, con lo cual esta persona, que no nos conoce de nada a las cuatro personas que participábamos en la mesa redonda, dio por hecho que somos *de fuera* simplemente porque somos personas negras. Así está perpetuando la creencia de que las personas negras somos eternamente recién llegadas, por más que llevemos décadas aquí, o hayamos nacido en este país.

Esta mujer dice en la misma frase que hemos venido a abrirles los ojos. Abrirles los ojos a las personas blancas, imagino. Esto, junto con la frase siguiente, «Los inmigrantes sois el verdadero cambio que la sociedad necesita», carga toda la responsabilidad de hacer que la sociedad española sea mejor en las personas racializadas y migrantes. Y el hecho de que nos llame inmigrantes directamente pone de manifiesto, una vez más, lo que cree mucha gente: que no hay personas españolas que no sean blancas. Y, de paso, incide directamente en la creencia de que España es solo blanca... cuando en realidad, nunca lo ha sido.

Otra cosa que también merece comentarse es lo de darnos la bienvenida a España. A mí estas cosas me dan mucha vergüenza ajena, y es algo que hacen más personas de las que sería deseable. Y también me hace pensar lo siguiente: ¿por qué esta persona, que no sabe quiénes somos ni qué hacemos, necesita darnos la bienvenida a España? Y es muy violento, porque no creo que, cuando comenta publicaciones de otras personas blancas, sienta la necesidad de darles la bienvenida. Aquí aparece de nuevo el sesgo inconsciente: al ver que soy una mujer negra, dio por hecho que no soy española, y entonces cometió la osadía de darme la bienvenida, algo que, insisto, me resultó particularmente violento. Y ya no es tanto por el hecho de que yo sea o no sea española. Es porque todo ese discurso estaba absolutamente fuera de lugar en una publicación que informaba sobre la celebración de un coloquio sobre *misogynoir*.

El broche de oro es el «gracias por abrirnos los ojos, y por vuestra cultura e intelectualidad». Esto es un insulto, directamente. Nuestra cultura. ¿Cuál es nuestra cultura? En esa actividad estábamos cuatro personas: una senegalesa, una gambiana y dos afroespañolas (una descendiente de Cabo Verde y la otra de Guinea Ecuatorial). ¿De qué cultura habla? De nuevo, vuelve a hacerse patente el desconocimiento generalizado sobre África. Intuyo que, como muchas otras personas, esta mujer ve África más como un país que como un inmenso continente conformado por cincuenta y cinco países. África es un continente donde se hablan más de dos mil lenguas y que atesora una diversidad cultural enorme. Por lo tanto, no podemos hablar de cultura africana, sino de culturas africanas.

Entonces, la pregunta es: en el caso de que esta actividad la organizasen personas blancas, ¿también les daría las gracias por su cultura? ¿Y por su intelectualidad?

Lo de agradecer nuestra intelectualidad es algo que también es muy común. Estoy cansada de que se me acerquen personas blancas a felicitarme por lo bien que hablo y lo bien que me expreso. Como si creyeran que no puedo hacerlo y les sorprendiera lo contrario. Una vez más, queda demostrado que la supremacía blanca y el racismo biológico —que extendió la creencia de que las personas negras eran inferiores— siguen teniendo mucho peso, cuando ya hace más de un siglo que esta corriente fue descartada académicamente.

Aun así, creo que el auténtico colofón es la frase «Enhorabuena por los logros conseguidos y por todos los que conseguiréis». Esta señora no nos conocía de nada. No conocía nuestros logros, no sabía qué hacemos ni a qué nos dedicamos. Vio a cuatro personas negras y le entró esa necesidad incomprensible de felicitarnos. Y a modo de guinda, un eslogan trilladísimo: «La verdadera cultura está en la diversidad». Ni siquiera sé qué se supone que significa eso.

«Os necesitamos». De nuevo, se refuerza la idea de un nosotros (que no me incluye a mí) y un vosotros o ellos, que somos las personas negras. Los inmigrantes. Y el utilitarismo, por supuesto. Las personas racializadas y migrantes somos necesarias para educar a las personas blancas. Para trabajar para las personas blancas. Para aumentar la natalidad y que esa fuerza de trabajo pague las pensiones de la gente blanca (eso me suena un poco a los tiempos de la esclavitud, cuando las personas negras eran esclavizadas y también constituían una fuerza de trabajo). Somos válidas mientras El Sistema y las personas blancas entiendan que aportamos.

Y todo esto sucedió en LinkedIn, una red social supuestamente profesional.

Al final todos estos mensajes ponen de manifiesto lo de siempre: la supremacía blanca. También ponen de manifiesto que, a veces, las personas creen que las buenas intenciones bastan para justificar cualquier mensaje. Es decir, entiendo perfectamente que esta mujer quería dejar claro que le parecía muy bien la actividad que habíamos organizado —aunque nadie necesitase su aprobación— y que, en su entusiasmo por transmitirlo, se hizo un lío intentando felicitarnos cuando, tal vez, un «qué actividad tan interesante» hubiese resultado más procedente y menos problemático.

Los prejuicios y las presunciones de esta mujer son aprendidos. Tú, que lees este libro, también los has aprendido, aunque creas que no; y aunque pienses que nunca llegarías tan lejos diciendo este tipo de cosas. Sin embargo, la base que sostiene las presunciones de esta mujer y las tuyas es la misma. Aunque creas que tú no tienes esos prejuicios, en realidad sí los tienes. Los has aprendido en un sistema supremacista que, desde hace siglos, viene inoculando todas esas creencias acerca de las personas negras.

Esa supremacía es la que infunde, en una persona completamente desconocida, la osadía necesaria para dirigirse a unas personas negras en ese tono tan condescendiente. Porque, inconscientemente, cree que estamos por debajo. Y porque ha aprendido que dar la bienvenida al país a las personas negras y racializadas es *de buena persona*. Sin embargo, esto no tiene nada que ver con la moralidad, ni con ser buena o mala persona. Tiene que ver con los aprendizajes de los que te hablo.

Mensajes como este son una vergüenza. Y son violentos. Yo me sentí violentada por esa actitud tan paternalista y por todas las conjeturas que esta mujer, que no nos conocía, estaba haciendo sin saber absolutamente nada. Además, no habría hecho esos comentarios si las personas que participaban en la mesa redonda hubieran sido blancas. ¿Te lo imaginas? ¿Te imaginas a una persona blanca dándole las gracias por abrirle los ojos? No. Los comentarios, en el caso de una mesa redonda integrada por personas blancas, se centrarían en la temática de la mesa, y no en la *cultura* de nadie.

Aquí también te voy a poner una tarea. Piensa si alguna vez le has dado las gracias a una persona racializada simplemente por serlo. Piensa si alguna vez le has dicho a alguna persona negra o racializada que es necesaria. Piensa si has hecho —o si harías— lo mismo con una persona blanca. Plantéate por qué motivos le has dado las gracias a una persona blanca y a una persona negra.

Si lo has hecho, si has dado las gracias a una persona racializada, tienes que saber que, muy probablemente, la hiciste sentir incómoda. Y que esa incomodidad es drenante y deja a las personas negras y racializadas exhaustas. Otra cosa en la que quiero que pienses y, si te apetece, que te animes a escribir al respecto, es en qué te indujo a hacer ese comentario de agradecimiento y qué reacción esperabas por parte de la persona a la que se lo dijiste. Esto también es importante. En ocasiones, las personas que les hacen estos supuestos elogios —que no lo son— a personas negras y racializadas, esperan que nos mostremos agradecidas por ese reconocimiento. Y, cuando no lo mostramos, nos consideran unas desagradecidas. Pero, repito, yo no tengo que mostrar gratitud porque alguien considere que merezco *ser*, pues ese es mi derecho humano básico como persona. Sin embargo, el hecho de que las personas negras y racializadas tengamos que estar agradecidas todo el tiempo por contar con la aprobación de las personas blancas es bastante común.

Recuérdalo: esta es una práctica que debe desaparecer. No somos nadie para aprobar la mera existencia de nadie, y menos de las personas negras o de otros orígenes raciales. Eso recuerda mucho al colonialismo y a la esclavitud, cuando las personas negras les debíamos la vida a las personas blancas que nos tenían como posesiones. No. La plantación ya fue. Y esas prácticas coloniales deben erradicarse.

Espero que estas reflexiones sobre el racismo, la xenofobia, la negritud y la migración te hagan reflexionar y, sobre todo, te animen a estar pendiente de las cosas que dices, cómo las dices, cuándo las dices... y qué pretendes cuando las dices. Nada es inocente ni inocuo, y las buenas intenciones las carga el diablo.

7

La apropiación cultural y tú

Quisiera hablar sobre la apropiación cultural a raíz de una pregunta que me hicieron en una mesa redonda en la que participé. La verdad es que, por lo general, me da bastante pereza hablar sobre la apropiación cultural porque parece que, para una mayoría significativa de las personas blancas, el dominio y la identificación de las conductas de apropiación cultural es el súmmum de la alianza antirracista. Y no. Así que quiero explicar algunas cosas sobre esta práctica, porque nunca está de más pensar en ellas.

Si buscas en Wikipedia la definición de apropiación cultural, encontrarás un artículo que empieza diciendo lo siguiente:

> La apropiación cultural es la adopción o uso de elementos culturales por parte de miembros de otra cultura. También se conoce como apropiación cultural indebida, a menudo es retratada como dañina y se la considerada una violación del derecho de propiedad intelectual contra la cultura de origen.

También es inevitable cuando múltiples culturas se juntan; la apropiación cultural puede incluir usar tradiciones, comida, símbolos, tecnología, y canciones culturales de otras culturas.

Hace unos años colaboré con *PlayGround* en un vídeo[63] en el que hablé de forma breve sobre la apropiación cultural. El vídeo era muy corto y no daba la oportunidad de profundizar en el tema, así que, ahora que dispongo de más espacio, voy a aprovechar para explicarme.

Quiero hablar sobre apropiación cultural porque un porcentaje significativo de las preguntas que muchas personas me suelen hacer en redes sociales giran en torno a la apropiación cultural, sobre todo cuando se acercan los carnavales o Halloween. Deduzco, por tanto, que se trata de un tema que preocupa bastante. A las personas blancas, quiero decir. Lo que me encuentro con más frecuencia, al haber iniciado mi andadura centrándome en el activismo estético, es la pregunta de mujeres blancas que quieren saber si caen en la apropiación cultural al hacerse trenzas o *dreadlocs* (conocidas popularmente como rastas).

Con este tipo de preguntas me suele suceder que me quedo con la sensación de que dominar la apropiación cultural es una de las piedras angulares en la lucha antirracista para muchas de aquellas personas que se consideran *aliadas*. De nuevo, hablo de personas blancas.

63. *PlayGround*, «¿Qué es la "apropiación cultural"? ¿Qué podemos hacer para no caer en ella?». Disponible en: <https://link.desireebela.com/apropiacion>.

Decía que mi sensación suele ser que, de un tiempo a esta parte, a un número considerable de personas (blancas) les parece fundamental desentrañar los entresijos de la apropiación cultural. Como si controlar el tema a la perfección implicase una conciencia antirracista elevada. Como si identificar la apropiación cultural fuese el último escalón en el Manual de la Alianza Antirracista Perfecta.

Para mí la apropiación cultural es una práctica concreta dentro de un mar muy grande compuesto por muchas manifestaciones de la supremacía blanca. Y se trata de una práctica, o del conjunto de estas, que se instauran a partir de la expansión del colonialismo europeo alrededor del mundo.

Aun así, considero que es algo que preocupa demasiado, cuando hay temas a los que sería deseable dedicar el mismo interés. Me da la sensación de que todas las vueltas que se le dan a la apropiación cultural no son más que una gran cortina de humo que opera como distracción para evitar centrarse en otros muchos temas.

Ojalá toda esa sensibilización y toda esa preocupación que suscita hacerse unas trenzas se enfocase en apoyar otros temas urgentes y que inciden en las comunidades africanas y afrodescendientes de forma directa y violenta. De verdad que para mí resultaría impresionante ver el mismo interés.

Ojalá también viera esa sensibilidad para unirse a la lucha contra una ley de extranjería que impide a las personas migrantes llevar una vida digna en España. Y, sin embargo, cualquier tema relacionado con el racismo institucional que deriva de esta ley genera indiferencia. De hecho, el movimiento Regularización Ya[64] puso en marcha una Iniciativa Legislativa Popular[65] para recoger firmas e instar al Congreso de los Diputados a regularizar la situación de las más de quinientas mil personas extranjeras que residen en España en situación irregular administrativa. Como parte de la campaña, las personas que integran el movimiento han llevado hojas de recogidas de firmas a infinidad de espacios y actividades. Y, aun así, recoger las firmas ha sido un proceso laborioso y que ha llevado mucho tiempo, y muchas personas españolas y con DNI (requisito indispensable para poder participar) se negaron a apoyar la iniciativa con su firma.

Tampoco veo la misma sensibilidad e interés hacia las personas refugiadas que despierta identificar la apropiación cultural. La guerra entre Rusia y Ucrania destapó que, a ojos de Occidente, hay personas refugiadas de distintas categorías. Los lemas de *Stand With Ucraine* han invisibilizado a personas refugiadas y exiliadas de otros territorios que llevan mucho tiempo en conflicto, como Afganistán, Irán, Yemen, Etiopía o Palestina, que lleva más de treinta años sometida a los bombardeos y la represión de Israel, sin que se estén llevando a cabo medidas de

64. Regularización Ya es un movimiento estatal autoconvocado de colectivos y organizaciones por los derechos de las personas migrantes (extraído de la web <www.regularizacionya.com>).

65. Una Iniciativa Legislativa Popular es un mecanismo de democracia directa a través del cual la ciudadanía puede proponer leyes para su toma en consideración, debate y aprobación en el Congreso de los Diputados, y cuya aprobación es vinculante —o sea, de obligado cumplimiento—. Las ILP están previstas en la Constitución Española.

bloqueo contra el Gobierno israelí. Parece que todas esas personas importan menos ahora que Europa le ve las orejas al lobo de la guerra. Pero la apropiación cultural parece más importante.

También, ya que me pongo a pedir, me gustaría ver el mismo interés por la apropiación cultural que por dejar de criminalizar sistemáticamente a las personas racializadas. Somos objeto de detenciones policiales racistas por perfil étnico, mientras las personas que nos rodean nos miran y piensan para sus adentros que, si nos paran, «algo habrán hecho». Y muchas veces no hacemos más que circular por la ciudad. Pero tenemos ese derecho condicionado. Y para garantizar la seguridad de quienes sí tienen el privilegio de deambular libremente sin siquiera imaginarse que la policía pueda pararles sin más, porque sí, a las personas negras y racializadas se nos somete a paradas policiales de perfilación racial.

Sería maravilloso ver todo ese afán por respetar las culturas minorizadas dirigido a la lucha por el cierre de los CIE, esas cárceles en las que el Estado español sigue encerrando a personas que no tienen *papeles*... que no tienen los papeles que el Estado español quiere que tengan, vaya. O que, teniéndolos, suponen una amenaza para el Estado, como ha pasado con el ciudadano de Reus Mohamed Said Badaoui.[66] Y también sería interesante ver esta preocupación por aprender qué suponen los vuelos

66. Aisetou Kajakeh, «Mohamed Said Badaoui: "Si no fuese una persona musulmana no se me estaría criminalizando"», *AraInfo*, 1 de noviembre de 2022. Disponible en: <https://link.desireebela.com/badaoui>.

de deportación que se van produciendo y de los que se suele pedir una difusión que siempre acaba siendo escasa.

Y ojalá esa mirada se dirigiera a las concertinas, esas vallas de alambre con cuchillas que rodean y fortifican la llegada a Europa por Ceuta y Melilla, en las que miles de personas se dejan literalmente la piel y la vida. Me gustaría que esa misma atención que se presta a la apropiación cultural recayera también en las prácticas de la policía española, así como de la marroquí, en esos espacios. Porque cuando en el verano de 2022 se produjo la masacre de Melilla, en la que perdieron la vida cerca de cuarenta personas, a mucha gente le resultó muy fácil mirar hacia otro lado en lugar de enfrentar la dolorosa incomodidad de aquellos sucesos y de exigir responsabilidades al Gobierno de España.

Porque nos pareció atroz que Donald Trump dijera que quería construir un muro entre Estados Unidos y México, pero no tenemos ni idea de lo que sucede en la Frontera Sur, de cómo las fuerzas de seguridad emplean toda la fuerza a su alcance —valga la redundancia— contra los cuerpos de las personas africanas que intentan saltar las vallas, pues apenas cuentan con vías seguras para llegar a Europa. Y porque, como dice Sani Ladan, es más fácil la circulación de materias primas desde el continente africano que la libre circulación de personas.

Pese a lo cual, un número significativo de personas sigue poniendo el foco en la apropiación. En si cada conducta, estilo musical, indumentaria o peinado es apropiación, apreciación o intercambio cultural. Y lo que es peor, cuando alguien pregunta si una determinada conducta incurre en la apropiación cultural y una persona racializada le dice que sí, no suele contentarse únicamente con esa respuesta. Hay que aportar pruebas, bibliografía, estudios, informes... porque nuestra palabra, nuestra experiencia, nunca es suficiente. Porque siempre se nos piden más matices. Porque siempre surge una excepcionalidad más a las que las personas blancas pretenden acogerse. Cualquier cosa antes que ejercer la autocrítica.

Nuestra respuesta afirmativa, que debería ser más que suficiente, nunca lo es. Para rebatirla siempre se esgrime un nuevo aspecto susceptible de ser debatido, una nueva justificación para mantener el privilegio de hacer de (y con) las prácticas culturales ajenas lo que apetezca desde la blanquitud. De reducirlas a simples carnavales, *outfits* o lo que más convenga en ese momento.

Porque mientras intentamos desenredar la complejidad de la apropiación cultural no nos enredamos en luchas que, muchas veces, implican significarse demasiado. Porque hay personas que quieren ser aliadas antirracistas, pero no todo el rato. O solo para lo que mola, que es lo cultural y lo artístico. Lo político y lo humanitario quizá exige demasiado y, tal vez, todavía no están lo suficientemente preparadas o no saben cómo ni por dónde empezar.

* * *

Uno de los problemas con la comprensión de lo que implica la apropiación cultural es que, en muchas ocasiones, las personas blancas que preguntan por el tema no pretenden comprender las consecuencias que tiene dicha práctica. En una gran mayoría de los casos, lo que busca la persona blanca que pregunta es obtener la confirmación por parte de una persona negra o racializada de que, si bien la apropiación cultural está mal, lo que esa persona blanca quiere poner en práctica no está *tan* mal. Y, como comprenderás, la cosa no funciona así exactamente.

Pongamos el ejemplo de los *dreadlocks* (las rastas).

Se ha hablado ya en muchas ocasiones de que los *dreadlocks* y otros estilos similares son peinados tradicionales en muchos territorios africanos. La gente comprende eso. Sin embargo, sigue queriendo tener el pase. Quiere que una persona negra le diga «la apropiación cultural de las trenzas y las rastas es real; pero tú te las puedes hacer, porque tu caso es diferente». Pasa un poco como con el *blackface*: hay personas que entienden que es una práctica racista. Lo saben, pero lo quieren utilizar porque, según dicen, el uso que le van a dar esas personas es, supuestamente, distinto.

* * *

En una publicación en su cuenta de Instagram, Antumi Toasijé, presidente del CEDRE (Consejo para la Eliminación de la Discriminación Racial y Étnica) e historiador panafricanista, decía lo siguiente:

> Hay apropiación cultural solo si se dan al menos dos de estas tres condiciones:
>
> 1) relación colonial pasada o presente;
> 2) banalización o burla;
> 3) desprecio por derechos individuales o colectivos de autoría.

Comprar, usar o consumir productos afro aun sin ser afro no es apropiación.

Creo que esto arroja un poco de luz. La primera condición se suele dar en una gran mayoría de los casos. Europa mantuvo (y mantiene) relaciones coloniales con la mayoría de los territorios de los que se extraen esas prácticas apropiadas.

La segunda condición se da cada vez menos, pero seguimos viendo programas de televisión en los que sí está presente, y artistas e *influencers* que también lo hacen. El problema con la tercera condición es que muchas veces no se tiene conciencia de que existen esos derechos de autoría. Y la gracia del asunto es que, en numerosos casos, sí se da la combinación de dos de los supuestos. Yo iría un poco más allá y hablaría de desprecio por los derechos individuales y colectivos de esa comunidad, ampliándolo más allá de la autoría, porque creo que esta cuestión es importante.

Otro aspecto que para mí es imprescindible tener en cuenta cuando se trata la apropiación cultural es el dolor y el trauma que hay detrás.

Te pongo un ejemplo relacionado con las comunidades originarias de América del Norte. Estamos hablando de pueblos que han sido —y siguen siendo— llevados casi al exterminio. Fruto de la colonización, se les expulsó de sus territorios, se les prohibió hablar sus lenguas originarias y ejercer sus prácticas culturales y ceremoniales, y sus atuendos fueron ultrajados hasta acabar convirtiéndose en objeto de burla y desprecio. Muchas personas de esos pueblos fueron asesinadas por defender su derecho a la autodeterminación y a la libertad.

De repente, una persona blanca decide disfrazarse de «indio» en Carnaval. Va a una tienda de disfraces a comprarse el disfraz. Se pone un tocado de plumas, se pinta la cara y sale a la calle a bailar y a beber, sin ser consciente de lo que está haciendo. Por si no ha quedado claro en el párrafo anterior, hablemos de ello. Esa persona está trivializando el uso de un accesorio que posee un significado profundo. Los tocados los llevaban los miembros más importantes de la comunidad. Llevar un tocado era un honor. Así que la persona que se disfraza y usa un tocado de plumas está banalizando un accesorio con un simbolismo sagrado. Por lo tanto, está incurriendo en una ofensa hacia las comunidades que los crearon y los utilizaban, y que a su vez fueron castigadas por los colonos por llevarlos. Y ese castigo, en muchos casos, llegaba al extremo del asesinato.

Cuando una persona blanca pregunta si puede llevar trenzas, lo hace porque ya ha leído u oído en algún lugar que una persona blanca no debería llevarlas. Así pues, algo en su fuero interno le dice que tal vez no debería hacérselas. Aun así y, a pesar de que tiene esa duda, insiste. Y lo peor es que espera que una persona negra o racializada le dé su beneplácito. Esa persona blanca quiere hacerse trenzas porque cree que eso la hace diferente, porque piensa que así está honrando la cultura africana, o por algún otro pretexto.

Si tú, como persona blanca que eres, viajas, por ejemplo, a República Dominicana porque tienes un pasaporte europeo que te permite desplazarte a prácticamente cualquier rincón del mundo —y también tienes el dinero para hacerlo—, y decides hacerte trenzas en una playa durante tus vacaciones, piensa en lo siguiente:

Mientras tú te estás haciendo las trenzas en un destino que consideras *exótico*, y que en realidad es un país empobrecido a consecuencia de los efectos de la colonización; mientras tú accedes a ese país gracias al privilegio que te otorga tu pasaporte occidental; mientras tú te haces unas trenzas para ser *guay* o por capricho o por lo que sea, hay una persona negra que lleva esas trenzas habitualmente y que está perdiendo oportunidades educativas o profesionales por llevar un peinado que, tradicional e históricamente, pertenece a su comunidad.

Tal vez te parezca una exageración que yo esté hablando de pérdida de oportunidades educativas y laborales por llevar trenzas; pero la verdad es que en pleno siglo XXI el cabello afro sigue constituyendo un elemento de opresión. Para muestra, un botón:

- Hasta el año 2014 las fuerzas armadas[67] de los Estados Unidos de América prohibían los peinados afro, como los *twist*, las rastas o los *cornrows*.
- En 2016, en la ciudad sudafricana de Pretoria, Zulaikha Patel[68] y sus compañeras iniciaron una protesta pacífica en su colegio porque la dirección del centro obligaba a las alumnas a alisarse el pelo o

67. Puedes leer la noticia desde aquí: <https://link.desireebela.com/ejercito-usa>.

68. Aquí puedes leer sobre Zulaikha Patel y su reivindicación: <https://link.desireebela.com/zulaikha>.

acortárselo. El Pretoria Girls High, el instituto al que iban Zulaikha y sus compañeras, establecía, en su código de vestimenta, que todos los estilos de peinado «deben ser conservadores, pulcros y en consonancia con el uniforme escolar».

- A principios de 2019, la comisión de Derechos Humanos del Ayuntamiento de Nueva York aprobó una normativa[69] para impedir que las empresas y escuelas pudieran prohibir peinados afro: trenzas, *dread locs*, twists, *bantu knots* y otros estilos.
- También en 2019, ocho centros educativos neozelandeses eran tachados de racistas al haber prohibido los peinados tradicionales afro.

A esto me refiero cuando hablo de que hay personas negras perdiendo oportunidades laborales y educativas.

Yo necesito que pienses en esto: tu privilegio blanco y tú no sois el centro en las cuestiones relacionadas con la apropiación cultural. Tu privilegio blanco y tú no sois el centro cuando se trata de racismo. Tu privilegio blanco y tú sois el problema. Cuando, después de haber preguntado si puedes llevar trenzas y se te haya dicho que no; cuando, después de que te disfraces de «africana» y se te haya señalado que las culturas no son disfraces, y, aun así, decidas imponer tu decisión de llevar esas trenzas o ese disfraz aludiendo a tu supuesta libertad de expresión, estás causando problemas. Estás siendo fuente de más dolor para personas que en su día a día ya experimentan agre-

69. <https://link.desireebela.com/nyc>.

siones racistas con frecuencia. Y tú estás avivando ese dolor, a pesar de saber que lo estás causando.

* * *

Hay personas que, cuando surge en la conversación la problemática que supone la apropiación cultural, intentan defender estas prácticas con argumentos del estilo «pero *ellos* también se apropian. Llegan a nuestros países y se ponen vaqueros». Bueno, tienes que saber una cosa: eso no es apropiación cultural.

La apropiación cultural no es el hecho de que un grupo cualquiera adopte elementos culturales de otro grupo cualquiera. El factor «grupo mayoritario» es clave aquí. Una persona que viene de la India o de Marruecos y se pone unos vaqueros no está incurriendo en apropiación cultural. Cuando esa persona llega a un país occidental, ella no pertenece a un grupo mayoritario. Por lo tanto, no está apropiándose de esa prenda. Lo que está haciendo es practicar la asimilación cultural.

A diferencia de la apropiación, en la asimilación cultural las personas que pertenecen a grupos culturales minoritarios asumen elementos culturales, comportamientos, valores, rituales o creencias de la sociedad mayoritaria a la que llegan. Es lo que mucha gente entiende popularmente por integración, y se manifiesta en frases y afirmaciones del estilo de «si viven aquí, tienen que adaptarse» o «lo que tienen que hacer, ya que vienen a nuestros países, es integrarse». Y, cuando más se adapta la persona racializada o migrante, mayor aprobación obtiene de la sociedad mayoritaria en la que vive.

De hecho, esta baza se juega mucho desde la política para seguir insuflando el miedo a las personas migrantes. Se sigue jugando a crear alarma social a través de la amenaza de que los inmigrantes vienen a Europa no solo a robar el trabajo y a vivir de ayudas, como si esto no fuese contradictorio, sino que su presencia pone en peligro los valores y la cultura de las naciones estado europeas. No hay más que fijarse en el discurso que Josep Borrell, el alto representante para la política exterior de la Unión Europea. En octubre de 2022, ante un grupo de estudiantes de la Academia Diplomática Europea en el Colegio de Europa, en Brujas, dijo que Europa era un jardín y la mayor parte del resto del mundo, una jungla; y que la jungla podría invadir el jardín». Aquí se juega con dos cosas. Por una parte, con discursos coloniales basados en la supremacía europea. Y, por otra parte, como te digo, se juega con el miedo del que hablaba antes. Palabras como «invasión» ponen en alerta a la población. Y con eso se juega. Por eso se fuerza a las personas que han migrado a asimilarse. Porque cuando las personas que llegan a Europa se *adaptan*, esos miedos a la invasión y a la imposición de otras culturas —percibidas como primitivas, peligrosas y, al final, inferiores— se mitigan.

Sin embargo, esa adaptación no es tal. Es un proceso de asimilación. Es la pretensión de que la persona racializada olvide su cultura, sus tradiciones, su idioma o su acento, su comida o sus prácticas espirituales y que adopte los códigos propios de la sociedad mayoritaria y occidental.

Además, la comprensión de la asimilación por parte de algunas personas, sobre todo en España, es muy curiosa.

Porque las mismas personas que exigen que quienes migran desde el sur global se integren, son las que comprenden que, cuando las personas españolas viajan a otros países occidentales, busquen comunidades de personas españolas, y que cada vez que alguien de la familia vaya a visitarlas les lleve jamón ibérico, chorizo y otros alimentos.

Entonces pasa una cosa, cuando menos, curiosa: las personas occidentales que migran sí tienen derecho a buscar comunidades; pero a las personas procedentes de territorios del sur global se las obliga a integrarse y se las critica si se relacionan con otras personas de sus países, porque crean guetos. Para mí eso es establecer un doble rasero.

La apropiación y la asimilación no son procesos similares ni comparables. Y no lo son porque están atravesadas por la jerarquía que establece la existencia y la posición de dominación de la supremacía blanca. Así pues, la primera —la apropiación cultural— se ejerce desde una posición de poder. La segunda —la asimilación cultural— implica la pérdida de la cultura propia, la desconexión de las personas racializadas de sus legados y, al final, es fuente de problemas de confianza y autoestima para las personas a las que se les obliga a asimilarse. La apropiación es una elección y se da en momentos puntuales —un carnaval, una fiesta, un verano—; la asimilación se exige de forma constante a las personas racializadas. En ocasiones se hace a través de la presión, y en otras, de forma más sugestiva; pero la asimilación siempre suele ser impuesta por la sociedad dominante.

Cuando se hace de forma más sugestiva, se intenta vender las mieles de la asimilación como una oportunidad de acceder a mejores condiciones sociales, laborales y económicas para las personas racializadas. En realidad, la asimilación conduce a la pérdida cultural de las personas minorizadas.

Cuando desde un grupo dominante se dice que «ellos vienen y se ponen vaqueros», estamos hablando de prácticas de asimilación que facilitan la existencia de las personas de grupos minorizados en esas sociedades.

La asimilación puede ser forzada. Es la que se exige a las personas extranjeras que llegan a sociedades occidentales y del norte global. Además, se les exige que sea un proceso rápido, por lo que estas personas se ven obligadas a renunciar a sus identidades. Además, no asimilarse implica la amenaza de vivir situaciones más o menos abiertamente violentas.

En el caso de que esas personas extranjeras tengan descendencia en esas sociedades occidentales, su descendencia, en cambio, vivirá un proceso de asimilación menos forzada, ya que dicho proceso se da a lo largo de más tiempo y de más generaciones. Aun así, esta asimilación, que parece voluntaria, sigue respondiendo a la presión cultural predominante. Recuerdo, hace bastante tiempo, leer un hilo en Twitter en el que jóvenes descendientes de Abya Yala explicaban cómo, cuando estaban en el centro escolar o con amistades autóctonas, se veían en la necesidad de esconder su acento o modificar algunas palabras para no ser objeto de mofa por parte de profesores o del resto del alumnado. Así pues, este tipo de prácticas facilitan la existencia de esos grupos en sociedades con otras expresiones culturales, pero lo hacen a costa de la pérdida identitaria.

* * *

Otra justificación que se esgrime cuando a alguien le señalan una práctica de apropiación consiste en afirmar que no se trata de apropiación, sino de apreciación.

La apreciación cultural está conformada por acciones dirigidas a comprender y aprender sobre otra cultura a través del contacto con las personas de esa otra cultura. En las prácticas de apreciación cultural se aprende de las personas originarias de esas culturas. Por lo tanto, en las actividades de apreciación cultural no solo se cuenta con la participación de las personas originarias de esas culturas, sino que también existe el consentimiento de dichas personas para que quienes no forman parte de esa cultura practiquen esas actividades.

Y ahí radica la importancia y la diferencia de la apropiación frente a la apreciación cultural. Si realmente aprecias una cultura, te acercas a las PERSONAS —sí, en mayúsculas— que la conforman. Porque puedes decir que aprecias algo de una cultura, y cagarla igualmente tomando elementos de esta para usarlos de forma egoísta, sin conocer su trasfondo. Y eso es lo que hace la gente en los carnavales, los festivales y las fiestas. Por eso no considero que ese tipo de eventos sean espacios para mostrar aprecio por otra cultura.

Si aprecias una cultura diferente a la tuya, tienes que hacer un esfuerzo por conocer la historia y el contexto de esas comunidades. En el caso de las personas africanas y afrodescendientes, estamos muy cansadas de las personas que aprecian las culturas negras sin contar con las personas negras. Si tu «uso» de los elementos culturales afro es solo para tu beneficio, y si nunca te acercas a las personas africanas y afrodescendientes ni consideras que puedas aprender de ellas, entonces no me digas que estás apreciando la cultura africana: te estás apropiando de ella sin más.

Por estos motivos, apropiación, apreciación y asimilación no son equiparables. Así que, por más que te resulte difícil, insisto en que hagas este ejercicio cuando alguien te señale que estás incurriendo en una apropiación cultural: piensa en cómo se siente una persona de un grupo minorizado cuando tú quieres utilizar un elemento cultural por el que su comunidad ha sido perseguida, castigada o incluso llevada al exterminio. Piensa en cómo se siente cuando tú, usando ese elemento cultural, finges un acento que, se supone, imita a esas personas. Y luego piensa en que cuando se termine el evento al que estés asistiendo, tú te quitarás ese tocado de plumas, ese taparrabos o ese kimono, lo meterás en un armario, y seguirás siendo tú; mientras que esas personas racializadas se ven forzadas a esconder partes de su identidad para no verse sometidas a faltas de respeto y mofas.

Estas son cuestiones que tienes que considerar. No importa que tú no quieras ofender. No importa que creas que estás apreciando esa cultura durante ese carnaval. No importa que lo hicieras con buenas intenciones. Lo que importa es la carga para las comunidades racializadas, que ven cómo sus elementos culturales son condenados cuando los usan, pero son ensalzados cuando los utilizan personas blancas en su propio beneficio.

8

El feminismo español también tiene que ser interseccional

Se habla mucho sobre interseccionalidad en el feminismo. Vale la pena tomarse un momento para saber qué implica este concepto, y eso es lo que voy a tratar en este capítulo.

La interseccionalidad es un término acuñado en 1989 por la académica afroestadounidense Kimberlé Williams Crenshaw, profesora de Derecho en la Universidad de California, especializada en estudios de la teoría crítica de la raza y defensora de los derechos civiles.

Williams Crenshaw desarrolla la teoría de la interseccionalidad después de estudiar el caso DeGraffenreid contra General Motors. En 1976, cinco mujeres negras presentaron una demanda colectiva contra General Motors alegando que la empresa, al despedirlas basándose en la antigüedad, había generado una situación de discriminación hacia las mujeres negras. El tribunal falló en favor de la empresa determinando que «no podían combinar las demandas de discriminación racial y sexual». De este fallo resultó que las mujeres negras que presentaron la demanda debían presentarla por discriminación racial o por discriminación de género, pero no por la combinación de ambas. El tribunal dictaminó que la discriminación racial y de género no era procedente, ya que General Motors contrataba a personas negras y también a mujeres. Lo que faltaba en el análisis del tribunal era que todas las personas negras contratadas eran hombres que trabajaban en la cadena de montaje; y que todas las mujeres que trabajaban en los puestos administrativos eran blancas. Por lo tanto, no había espacio para las mujeres negras.

Las mujeres racializadas pueden experimentar discriminación en diferentes ejes, como la raza, el género, la orientación sexual, la clase, el origen, las capacidades, etcétera. Estos ejes son multidimensionales porque se dan a la vez y, en consecuencia, no se pueden analizar de forma separada. Ello explica que las mujeres negras y de otros orígenes étnicos afronten situaciones que no sufren ni los hombres negros ni las mujeres blancas. Y de ahí que Kimberlé W. Crenshaw desarrollase el concepto de interseccionalidad.

La teoría de la interseccionalidad, por consiguiente, describe la forma en que raza, clase, género y otras características individuales se entrecruzan y se superponen, creando una situación única para cada persona. La interseccionalidad, por lo tanto, cuestiona que el único eje de opresión digno de estudio dentro de la teoría feminista deba ser el género. Y esta es la reivindicación que hacemos las feministas racializadas frente al feminismo hegemónico.

Y, ahora que hablo de feminismo hegemónico, tal vez valga la pena explicar a qué me refiero con este concepto.

El feminismo hegemónico también se conoce con los nombres de feminismo blanco o feminismo de la segunda ola, así como feminismo tradicional. Se centra en mujeres urbanitas blancas de clase media y alta, principalmente europeas y norteamericanas. Las propuestas del feminismo hegemónico se centran en el género como eje único de opresión. Partiendo de ahí, sostiene que las mujeres son un grupo homogéneo con intereses comunes, sometido a una única fuente de discriminación: el hecho de ser mujer.

Tal vez te estés preguntando si esta concepción del feminismo plantea algún problema; en ese caso ya puedo anticiparte que sí, los plantea. Y muchos. Uno de ellos es que este feminismo ignora, invisibiliza e infravalora las identidades que quedan fuera del modelo que propone. Y, como comprenderás, hay muchos millones de mujeres en el mundo que no son blancas, ni de clase media o alta, ni europeas o norteamericanas. Así que, desde el momento en que este feminismo se articula bajo tales parámetros, pone de manifiesto que está basado en mecanismos de exclusión que perpetúan relaciones de poder, también entre las mujeres. En consecuencia, si de lo que estamos hablando es de un movimiento centrado en los intereses de las mujeres blancas con un estatus que podría considerarse privilegiado, entonces estamos hablando de supremacía, más que de feminismo.

Esta definición del feminismo blanco escuece y genera rechazo. Y lo entiendo, por supuesto. Sin embargo, si este tipo de feminismo reproduce violencias hacia las mujeres y feminidades racializadas, migrantes, de género no binario y de clase trabajadora, hay que decirlo, por más resistencias que provoque. Pienso mucho, muchísimo, en por qué hay tanta resistencia entre las mujeres blancas feministas a reconocer que el feminismo hegemónico es excluyente y discriminatorio. En ocasiones siento que dicha resistencia puede explicarse por una comprensión errónea. Me da la sensación de que hay mujeres convencidas de que, por su condición de sujetos oprimidos —a manos del patriarcado— no pueden desempeñar un papel opresor. Evidentemente, eso no es así. Por eso es tan necesario que seamos conscientes de cuáles son nuestros ejes de opresión, pero también de los privilegios que detentamos, porque sin duda los hay. Negarlo es hipócrita, y no es hipocresía lo que necesitamos si aspiramos a luchar por la justicia social para todas las personas. Ser mujeres no nos convierte en seres de luz automáticamente. Así que, si el feminismo hegemónico es discriminatorio y excluyente, hay que hablar de ello.

El hecho de que el feminismo blanco o tradicional deje fuera a muchas mujeres podría explicarse porque el feminismo es hijo de su tiempo. Esto lo explica a la perfección Angela Davis en su libro *Mujeres, raza y clase*,[70] así que te recomiendo que, si no conoces esta obra, la anotes en tu lista de lecturas pendientes. Resumiendo brevemente lo que explica Davis en su libro, cuando digo que el feminismo hegemónico es hijo de su tiempo me refiero

70. Angela Y. Davis, *Mujeres, raza y clase*, Madrid, Akal, 2005.

a que este movimiento surge cuando las mujeres sufragistas luchaban por la consecución del voto femenino, a mediados del siglo XIX.

El movimiento sufragista aparece en un momento de la historia en el que se debatía si se permitía votar a las mujeres blancas o a los hombres negros (por lo visto, a las mujeres negras nadie las tuvo en cuenta). En los estados del norte de Estados Unidos, las mujeres blancas y las personas negras, conscientes de que tenían menos derechos que los hombres blancos, crearon alianzas con la intención de promover sus derechos civiles, es decir, tanto los derechos de las mujeres blancas como los de las personas negras. En los estados del Sur, por contra, esas alianzas entre mujeres blancas y personas negras no existían. Es más, las mujeres blancas sureñas participaban activamente de las actividades de opresión contra las comunidades negras, eran aceptadas como miembros del Ku Klux Klan e incluso intervenían en linchamientos.

Cuando, tras la guerra civil, se aprobó el derecho de sufragio para los hombres negros y las mujeres blancas no lo obtuvieron, las alianzas empezaron a desestabilizarse, también en el Norte. La no obtención del sufragio de las mujeres blancas generó mucha indignación entre estas, y optaron por cambiar sus alianzas para conseguir el sufragio femenino. Así que rompieron sus coaliciones con las comunidades negras y decidieron aliarse con las mujeres blancas sureñas, dejando claro que su derecho al voto era más importante que poner freno a la violencia que azotaba a las comunidades negras. Ahí se produjo el cisma, cuando las mujeres blancas decidieron, al aliarse, que su inclusión en la democracia era más importante que la inclusión y la justicia raciales. Es decir, la supremacía blanca se antepuso a la lucha por los derechos civiles de la comunidad negra.

Puede que alguien, al leer esto, piense: «Bueno, oye, pues que los negros se hubiesen espabilado por su cuenta», porque me lo veo venir. Pero estamos hablando de un periodo de la historia en el que, pese a que la esclavitud se había abolido, las personas negras no gozaban de ninguna autonomía en Estados Unidos. La población negra estaba expuesta a una pobreza extrema, a encarcelamientos masivos y a linchamientos arbitrarios que acababan en asesinatos dantescos. Además, la unión de las mujeres blancas del Norte era crucial para imprimir fuerza al movimiento por la consecución de los derechos civiles y el respeto por la vida de las personas negras.

Todo ello generó una serie de tensiones que tuvieron como consecuencia que el movimiento abolicionista de la esclavitud y el movimiento por el voto de las mujeres se escindieran. Ese fue el momento en que las sufragistas antepusieron la blanquitud y el logro político de su voto en detrimento de las personas negras.

No vamos a negar que el movimiento sufragista fue importante y logró su objetivo de conseguir el voto (para las mujeres blancas). Pero tampoco podemos mirar a otro lado e idealizar el movimiento sin tener en cuenta que desempeñó un importante papel en el mantenimiento de la supremacía blanca. Desde esa supremacía blanca, el movimiento feminista decidió ignorar las reivindicaciones de las mujeres negras, hasta el punto de que, en las marchas por los derechos de las mujeres, se obligaba a las mujeres negras a marchar al final de la manifestación y no en cabeza.

El tiempo ha pasado, pero ese poso de supremacismo sigue presente en la práctica feminista de muchas mujeres blancas, aunque no quieran tomar conciencia de ello. Y digo que no quieren tomar conciencia porque las mujeres negras venimos señalando el racismo dentro del feminismo hegemónico desde sus inicios. Y, aun así, a muchas mujeres este discurso sigue sin resultarles familiar.

Me gustaría traer estas prácticas hegemónicas al contexto español. Quiero hacerlo para que nadie crea que lo que pasaba en Estados Unidos no sucedía en España.

Así que empezaremos igualmente por referirnos a la esclavitud, pues en España también hubo una importante presencia de personas negras esclavizadas, a pesar de que existe un gran desconocimiento acerca de esta realidad, debido en gran parte a que históricamente se ha procurado invisibilizar dicha práctica en los archivos, y aún en mucha mayor medida con respecto a las mujeres negras.

En España, igual que en el Reino Unido, el movimiento abolicionista estuvo más relacionado con la salvación blanca y con la religión que con la consecución de derechos civiles. A las mujeres españolas blancas de clase alta que abogaban por el derecho al voto también les preocupaba la esclavitud, por cuanto privaba a las personas esclavizadas, tanto en las colonias como en el territorio español, de la dignidad humana de la que deberían gozar todas las personas. Así que se opta más por una visión relacionada con la caridad y la religión que por la lucha en pro de los derechos civiles.

En España, Concepción Arenal, además de ser una de las pioneras del feminismo español, formó parte de la sociedad abolicionista y abogó por la supresión de la esclavitud en el siglo XIX, pero, como te digo, desde una visión más paternalista y de salvación que por los derechos civiles.

Con la abolición de la esclavitud, en 1876, también terminó el interés por el tema, y la sociedad abolicionista dejó de preocuparse por las condiciones de vida indignas de las personas negras.

El sufragio femenino en el Estado español a principios del siglo XX, cuya principal impulsora fue Clara Campoamor, también se olvidó de las mujeres negras, tal como pasó en el contexto estadounidense, aunque los argumentos utilizados no fueron los mismos, ya que no hubo competencia entre el movimiento abolicionista y el movimiento sufragista. En España ni siquiera se contemplaba la posibilidad de que las personas negras pudieran votar.

Cuando en España se inicia el movimiento feminista por la consecución del voto, las mujeres blancas españolas no se preocupan de las mujeres negras. Hay que recordar que Guinea Ecuatorial era colonia española, y, en consecuencia, había mujeres negras españolas, al menos administrativamente. Y así sigue siendo hoy, a pesar de que desde los tiempos del franquismo en España ha habido mujeres negras, de distinto signo político, trabajando en favor del colectivo. Hubo mujeres guineanas negras que militaban en formaciones políticas que nunca han sido reconocidas ni visibilizadas por la historia ni por la política españolas. Ni por el movimiento feminista, obviamente.

Así pues, nombres como los de María Luisa Gorbeña Bondjale o Trinidad Morgades son desconocidos para el feminismo español, a pesar de que algunas de ellas, como Niurka Montalvo, desempeñaron cargos en la política española. Sin embargo, el feminismo español invisibiliza el hecho de que desde hace décadas ha habido mujeres negras procedentes —o descendientes— de las antiguas colonias españolas, que han formado parte de la historia y de los movimientos de mujeres del Estado español. Y así llegamos al momento actual, en que muchas mujeres blancas españolas siguen sin saber que esto es así y siguen sin conocer —y sin reconocer— que las mujeres negras siempre hemos trabajado por nuestra propia liberación y por la defensa de nuestras reivindicaciones, que son históricas y vienen de lejos.

A pesar de toda esta historia previa, lo de los feminismos negros o los afrofeminismos les sigue sonando a nuevo a las mujeres blancas. Y, en muchas ocasiones, el privilegio blanco impide que desde el feminismo blanco haya un apoyo explícito, real y comprometido para con las mujeres racializadas cuando sufrimos episodios de acoso o discriminación. Ya se vio en su día con el caso de los abusos sexuales a las jornaleras marroquíes de Huelva.[71]

Una de las justificaciones que esgrimen las muje-

71. T. Palomo, «Testimonios de las jornaleras de Huelva que denuncian acoso sexual», *Vice*, 20 de agosto de 2018. Disponible en: <https://link.desireebela.com/jornaleras>.

res que practican y defienden el feminismo hegemónico es que feminismo solo hay uno. Que no es ni blanco ni negro. Que «es feminismo y punto». Hacer afirmaciones del estilo de «el feminismo no es blanco ni negro. Es feminismo y punto» suena muy similar a decir «Solo hay una raza, la humana» o «Yo no veo colores, veo personas». Y eso no es sino jugar la carta del daltonismo racial, o, lo que es lo mismo, jugar a no ver colores; y ya he explicado que el comodín del daltonismo racial solo es una muestra del privilegio blanco que permite a las personas blancas —en este caso, a las mujeres blancas— obviar todas las situaciones de discriminación y opresión a las que deben hacer frente las mujeres de otros orígenes raciales y étnicos.

Argumentar que el feminismo es feminismo y punto conlleva los mismos problemas que jugar la carta de no ver colores, porque el feminismo más reconocido y legitimado es el que representa a las mujeres blancas y de una determinada clase social. Por lo tanto, todas aquellas opresiones que no afectan a las mujeres blancas de una determinada clase social, como el racismo, el antigitanismo, la islamofobia, la sinofobia y todas las formas de discriminación por razón de origen racial o étnico, quedan fuera de ese marco. Porque el racismo estructural no afecta a las mujeres blancas.

El feminismo es feminismo, sí. Sin embargo, no podemos obviar que las mujeres racializadas sufrimos opresiones no solo por el hecho de ser mujeres, sino también por ser racializadas, lo cual añade una carga extra a las opresiones que vivimos por el hecho de ser mujeres. De ahí que el feminismo tenga que ser antirracista. Porque millones de mujeres racializadas en el mundo estamos oprimidas por el racismo, y debemos poder hablar desde la interseccionalidad de todos esos ejes de opresión. Decía Reni Eddo-Lodge en una entrevista que «debemos entender que miles de mujeres podrán enfrentarse a la discriminación desde contextos diferentes, desde espacios políticos o culturales diferentes. Y tenemos que ser capaces de entender claramente esas diferencias para poder combatir de modo eficaz el machismo. No son las diferencias las que nos dividen, sino nuestro fracaso en entender esas diferencias y abrazarlas».[72] De nuevo, otra feminista negra habla de aprender a habitar las diferencias, como Audre Lorde.

Otra de las reticencias del feminismo hegemónico, cuando las mujeres racializadas señalamos el racismo dentro del movimiento feminista, es decir que nuestro discurso no parece feminista porque nos centramos en la opresión que ejercen otras mujeres y no en la de los hombres. Así, se nos acusa de no ser feministas porque no ponemos el foco en el opresor: el hombre. Hay feministas blancas que consideran que el feminismo ya tiene suficientes frentes abiertos, y entonces se nos acusa cuando somos críticas con una práctica feminista que nos quiere silenciadas y obedientes. El problema que no se quiere admitir, en este caso, es que, desafortunadamente, tanto

72. R. de Miguel, «Reni Eddo-Lodge: "El racismo es un problema estructural y requiere una respuesta política"», *El País*, 31 de enero de 2021. Disponible en: <https://link.desireebela.com/eddo-lodge>.

hombres como mujeres ejercen esa opresión cuando hablamos de racismo.

Al poner el foco en el género como eje único de opresión, perdemos parte de la perspectiva. Y tenemos un problema cuando a las mujeres racialiazadas pretenden silenciarnos si denunciamos que las mujeres blancas en ocasiones también nos discriminan. Para mí, como mujer negra heterosexual, los ejes de opresión son el género y la raza. Eso significa que vivo el machismo y el racismo. Y el racismo, desafortunadamente, se ejerce desde el privilegio y la supremacía blancas, lo cual significa que, en ocasiones, las mujeres también lo ejercen, porque las mujeres no somos seres de luz, y a veces incurrimos en comportamientos discriminatorios.

¿Y qué tenemos que hacer entonces como mujeres racializadas? ¿Callarnos y agachar la cabeza para que no se nos acuse, como habitualmente sucede, de crear fracturas en el movimiento? No: tenemos que hablar y señalar la opresión para que se identifique y se elimine a través del aprendizaje y la reparación. Lo que no voy a hacer es quedarme callada, aunque sea una mujer blanca quien me agreda a mí o a otra compañera racializada. Porque, como vengo diciendo en distintas partes de este libro, la discriminación racista tiene un carácter estructural que no puede ser negado. Y es tan estructural que la discriminación se nos sirve de forma intrínseca desde que empieza nuestro proceso educativo y de socialización. No podemos seguir negándolo. Y ponerse a la defensiva, atacar y no querer escuchar a las mujeres que aportamos perspectivas que hacen este análisis, no ayuda.

Voy a seguir insistiendo en que en el momento en que el feminismo no es interseccional y no incorpora otras opresiones más allá del género, se convierte en una simple representación de la supremacía blanca, y necesitamos hablar de ello con claridad.

Necesitamos poder señalar la supremacía blanca dentro del feminismo español. Necesitamos poder llamar la atención a las compañeras feministas blancas cuando su discurso racista nos discrimina. De lo contrario, ¿cómo vamos a hacerles saber que nos están oprimiendo?

Hace un par de años, en una charla sobre interseccionalidad compartí los pantallazos de una conversación en la que una cuenta feminista muy reconocida me hizo luz de gas cuando les señalé un comentario racista. Después de la charla, cuando me fui a comer con las organizadoras y las otras ponentes, una de las ponentes me regañó.

En una mesa en la que éramos catorce personas, y yo era la única mujer negra, esa mujer feminista me riñó por haber puesto como ejemplo a determinadas mujeres para hablar del racismo dentro del movimiento feminista.

Me dijo que esas mujeres eran las únicas en España que estaban luchando contra la trata —cosa que no es cierta; hay un número importante de feministas luchando contra la trata de mujeres con fines de explotación sexual—; también añadió que el enemigo contra el que tenemos que luchar es común, El Patriarcado, y que yo le hacía un flaco favor al movimiento feminista creando divisiones y haciéndole el juego al patriarcado. Y me dijo otras muchas cosas que ya estoy cansada de oír. Por lo visto, aquella tampoco era una ocasión para señalar las actitudes racistas que habían mostrado esas mujeres.

Parece que nunca es un buen momento para que las mujeres racializadas seamos críticas con el feminismo hegemónico. Así que no puedo hacer otra cosa que preguntarme cuándo será el momento entonces. ¿Cuándo podremos señalar el racismo dentro del feminismo?

Nadie es intocable. Y no me malinterpretes. No hablo de atacar a nadie. Me refiero a que debemos poder señalar las conductas discriminatorias de otras personas por más reconocimiento social y público que tengan. Porque, si no señalamos sus conductas discriminatorias, ¿cómo las corregirán y las eliminarán?

Una cosa no quita la otra. Un grupo de mujeres puede estar haciendo un gran trabajo de denuncia de las condiciones de explotación y violencia de las mujeres. Y, al mismo tiempo, esas mujeres pueden estar exhibiendo conductas racistas. Porque, como muy bien sabemos, no tiene nada que ver una cosa con la otra. Eso mismo sucedió con el movimiento sufragista: consiguieron que las mujeres pudieran votar. Pusieron el cuerpo y se arriesgaron a sufrir toda clase de violencias. Y, a pesar de todas las dificultades, lograron su objetivo; pero por el camino negaron la capacidad de agencia de las mujeres negras y exhibieron comportamientos racistas hacia ellas. Y eso también hay que contarlo.

Porque si no, al final, las mujeres negras nos hartamos de tener que callarnos y de no poder denunciar las agresiones que sufrimos por parte de supuestas compañeras solo por no incomodar y que parezca que todo está bien, cuando no lo está en absoluto.

Necesitamos ser más humildes y necesitamos más amor. Y necesitamos amor y humildad para poder conectar con la compasión, y así poder comprender a las personas que están sufriendo a causa de nuestras acciones y tienen el coraje de manifestarlo, convencidas de que ese es el camino para que dejemos de hacerles daño.

Pretender que las mujeres racializadas nos abstengamos de denunciar la violencia racista que existe dentro del movimiento feminista es una forma de violencia en sí misma. Y, además, es una actitud extremadamente soberbia. Hablo de soberbia porque, más allá de que se invisibilizan nuestras reivindicaciones, una persona que no acepta una llamada de atención y se niega a revisar sus planteamientos está actuando con soberbia. Una persona que se niega a abrirse a nuevos aprendizajes es soberbia. Eso es lo que pienso. Nadie dice que tengamos que saberlo todo. No lo sabemos todo, ¡afortunadamente! Y cuando aceptamos que no lo sabemos todo y nos desprendemos de la soberbia, tenemos una mejor disposición para permitir que nos señalen los errores. A partir de ahí podemos incorporar nuevos aprendizajes. Pero, yo qué sé... Igual soy yo, que tengo un pensamiento demasiado utópico.

Sin embargo, desde el feminismo hegemónico se sigue perpetuando la tendencia a silenciar a las mujeres racializadas cuando tratamos de visibilizar los comentarios racistas. Y es que nunca es el momento de hablar de racismo. No lo es cuando se acerca el 8M. Tampoco lo es cuando algunas mujeres blancas que son grandes referentes del feminismo hacen comentarios abiertamente racistas, algo que sucede con más frecuencia de lo deseable.

Y, en la mayoría de los casos, el patrón de respuesta a estos señalamientos por parte del «gran público» suele ser bastante similar.

Es sorprendente cómo las personas blancas sin formación antirracista encuentran las más variadas maneras de justificar los comentarios racistas de sus iconos feministas blancos favoritos. Bueno, no; en realidad no tiene nada de sorprendente. Hay muchas personas blancas que, por el hecho de serlo, no poseen una experiencia directa del racismo y que, además, tampoco han recibido la educación antirracista necesaria para identificarlo. Aun así, consideran que están legitimadas para determinar qué es racismo y qué no lo es. Y, claro, según ellas nunca nada lo es, porque hablamos de sutilezas difíciles de identificar si no hay una formación previa que lo posibilite.

Lo que también suele ocurrir en ocasiones es que las personas que siguen a las feministas de turno señaladas por el racismo excusan los comentarios arguyendo que «todo el mundo tiene derecho a equivocarse». Y eso resulta curioso, porque las mujeres blancas sí tienen derecho a equivocarse. A las mujeres negras, en cambio, se nos exigen unos estándares de perfección y rectitud inalcanzables. Así que, si somos nosotras las que nos equivocamos, la comprensión y la compasión desaparecen por arte de magia, y nadie sale a defender que nosotras también tenemos ese mismo derecho.

Más cosas que veo que pasan: se suele aludir a la cultura de la cancelación como pretexto y justificación para silenciarnos. Señalar los comentarios racistas de una mujer blanca no es cancelarla. Es exigirle responsabilidad. Es informarla de que, con esas afirmaciones, está perpetuando la violencia racista que sufrimos. Eso no es cancelar. Tal vez lo que se pretende es censurar a las mujeres negras para que sigamos callando y transigiendo con la violencia que sufrimos. La intención es que miremos hacia otro lado y no denunciemos las injusticias que las mujeres blancas cometen, en favor de una supuesta unión entre mujeres.

Se utiliza la pasivoagresividad para culpabilizarnos por llamar la atención ante el racismo. Y, además, se nos obliga a cuidar y a sostener las emociones de esas mujeres blancas, porque se han sentido heridas con nuestro señalamiento, sin la menor conciencia de lo violento que eso nos resulta a nosotras. Es responsabilizar a la víctima del estado emocional de quien perpetra la agresión. ¿Puede haber algo más perverso?

Como decía algunos párrafos más arriba, la mayoría blanca pretende acallarnos diciéndonos que *ahora* no es el momento de hablar de racismo. Nunca lo es ni lo ha sido. Así se intenta dictar la agenda de los feminismos negros, a pesar de que nunca está presente para el feminismo blanco hegemónico.

Estas son reflexiones que me atrevo a compartir envalentonada por el pensamiento de Audre Lorde. En su ensayo «La transformación del silencio en lenguaje y acción», Lorde hace una reflexión muy interesante en torno a lo arrepentida que se sentía de haber guardado silencio en tantas ocasiones.

Toda esta exposición que hago aquí no es nueva. Otras mujeres negras la han hecho antes que yo. Audre Lorde fue una de ellas, y me interesa que quede claro. Y necesito que quede claro que esto no es nuevo, porque más de una vez he sido acusada de haberme inventado esta diferenciación entre el feminismo blanco y el feminismo negro. Yo no he inventado nada. Me limito a recoger el testigo de las que me precedieron. Es lo único que hago. El discurso no es nuevo. Tal vez el problema, de que a alguien le suene a nuevo, es que antes no debía de estar escuchando.

«Mis silencios no me habían protegido. Vuestros silencios no os protegerán».[73] Estas dos frases bailan en mi cabeza y en mi corazón desde la primera vez que leí la compilación titulada *La hermana, la extranjera*, que incluye el ensayo del que hablo. Y es sobre esta cuestión de los silencios sobre la que he estado reflexionando últimamente con mucha frecuencia a raíz de las posturas que veo dentro de ese feminismo hegemónico.

> ¿Qué palabras son esas que todavía no poseéis? ¿Qué necesitáis decir? ¿A qué tiranías os sometéis día tras día, tratando de hacerlas vuestras, hasta que por su culpa enfermáis y morís, todavía en silencio? Puede que, para algunas de las aquí presentes, yo sea el rostro de uno de vuestros miedos. Porque soy mujer, porque soy Negra, porque soy lesbiana, porque soy yo misma... una mujer negra, poeta y guerrera dedicada a su trabajo, que ha venido a preguntaros: ¿os dedicáis vosotras al vuestro?

73. A. Lorde, «La transformación del silencio en lenguaje y acción», en *La hermana, la extranjera*, Madrid, Horas y horas, 2003.

Hago referencia a este párrafo de Lorde para que me permita hablar a pesar del miedo. Para que sea el ancla que me permita (d)enunciar las tiranías a las que me someto a diario, como mujer negra que se autorreconoce como feminista, a manos de la sociedad blanca supremacista en la que habito, y en particular por parte de mujeres blancas autorreconocidas como feministas, a quienes este capítulo interpela directamente.

Mi silencio no me protege. Al contrario, permite que mi dolor se cronifique y perdure. Porque con cada uno de mis silencios ante la insensibilidad de esta hegemonía feminista blanca, siento dolor. Y es un dolor que hace que otras mujeres negras también sufran. Si nos quedamos calladas, como la hegemonía pretende que hagamos, el *statu quo* seguirá igual y parecerá que todo está bien. Parecerá que las feministas blancas no tienen nada que revisar con respecto a esta cuestión. Y eso, además de pretencioso, es falso.

La deconstrucción es permanente y nunca termina. Esa máxima está presente cuando se habla de feminismo; y se obvia deliberadamente cuando se trata el tema del racismo. Por eso tengo que hablar y tengo que señalar los aprendizajes racistas arraigados, para que puedan ser identificados y el feminismo hegemónico deje de perpetuarlos contra nosotras, las mujeres negras y de otros orígenes raciales.

> En este país, donde las diferencias raciales crean una distorsión permanente, aunque no reconocida, de la visión, las mujeres Negras siempre han sido muy visibles, pero, a la vez,

> se las volvía invisibles mediante la despersonalización del racismo. Hemos tenido que luchar, y seguimos luchando, incluso dentro del movimiento de mujeres, para alcanzar esa visibilidad que, por otro lado, es nuestra mayor vulnerabilidad: nuestra Negritud.[74]

En España, el país en el que vivo, las mujeres negras llevan décadas de lucha, como he dicho anteriormente. Sin embargo, esta lucha ha sido invisibilizada, y se nos ha despersonalizado y deshumanizado a través del racismo. Sin embargo, seguimos luchando. Luchamos para sobreponernos a esa invisibilidad consciente que la sociedad nos impone al optar por no reconocer el racismo que habita en nosotros y las consecuencias y el impacto que tiene en nuestras vidas.

Nadie se reconoce racista (igual que ningún hombre se reconoce agresor). Una gran mayoría de las mujeres blancas y feministas se niega a admitir que su educación eurocéntrica es racista. Se creen exentas de la necesidad de revisar su racismo. En las redes sociales se protegen bloqueando a cualquier afrofeminista que señale el racismo que contienen sus afirmaciones. Así nos silencian y nos invisibilizan.

Mis silencios no me protegen. Muchas mujeres negras somos conscientes de ello. Por ello, y a pesar de ello, seguimos poniendo palabras a las violencias a las que constantemente nos vemos sometidas por personas —por mujeres— blancas que eligen cada día obviar las oportu-

74. *Ibid.*

nidades de crecimiento que contienen todos y cada uno de los señalamientos que hacemos.

Ante estos señalamientos de racismo, las mujeres que son referentes de este feminismo blanco y hegemónico optan por callar. Ellas también miran hacia otro lado. Deciden no hacer comentarios a la espera de que pase la tormenta, a la espera de salir del ojo del huracán. Silencio y espera como respuesta. No se dan cuenta de que sus silencios tampoco las protegerán. El hecho de callar y mirar hacia otro lado no las redime ni las exime del necesario ejercicio de revisión y autocrítica que esperamos de ellas.

Ampararse en el silencio ya no vale. Tampoco valen las disculpas vacías y culpabilizadoras —«si alguna se ha sentido ofendida, no era nuestra intención»—. Los comunicados insustanciales tampoco sirven. Sinceramente creo que las feministas blancas pueden hacerlo mejor. De hecho, creo que saben que pueden hacerlo mejor. Y, sin embargo, escogen conscientemente no hacerlo.

Tenemos que transformar nuestros silencios en lenguaje y acción, como dijo Lorde. Las mujeres negras ya lo estamos haciendo. Sin embargo, cuando se trata de racismo, no veo esta voluntad de transformación por parte de muchas personas blancas.

Paradójicamente, se lanzan mensajes pretendidamente antirracistas, vacíos de contenido: «Yo no veo colores», «yo he invitado a mi podcast a una mujer negra»; «yo compartí un post sobre las mujeres afganas»... Nada. Vacío.

Si eres una mujer blanca, piensa en esto: todas esas acciones no tienen ningún significado mientras en el día a día, cuando una mujer negra te señale una conducta racista, te escudes en que se te está linchando —mejor revisar la historia de los linchamientos y el significado que puede tener para una mujer negra que tú, desde tu privilegio blanco, le digas que te están linchando—, o le recrimines el hecho de tener la piel muy fina. No tenemos la piel fina. La tenemos bien curtida. De lo contrario, sería insoportable sostener toda la fragilidad blanca que se despliega cada vez que señalamos un comentario o una actitud racista, y que además acaba volviéndose contra nosotras en forma de más violencia.

Si eres una mujer blanca, tu silencio no te protegerá. Tu papel en la lucha contra el racismo es de vital importancia también. Desde el momento en que callas, otorgas. Desde el momento en que callas, permites que la violencia dirigida a nosotras se perpetúe mientras miras hacia otro lado y te mantienes en silencio esperando salir del foco.

Lo que se está proponiendo aquí es que seas valiente para hablar, para transformar, también cuando se trata de racismo. Nadie te pide la perfección. Lo que yo te pediría, en todo caso, es humildad. Espero que, desde la humildad seas capaz de entender que lo que se te pide es responsabilidad. Que te hagas cargo de la importancia que tiene tu papel en el sostenimiento de las dinámicas racistas.

Tu silencio no te protegerá, compañera. En cambio, si te abres a la conversación, si dejas de negarte a hablar con nosotras, con «las otras», podemos trabajar, juntas y de verdad, por el cese de la violencia racista que cada día se reproduce en los espacios que habitamos.

Ubuntu es una filosofía africana que recoge algo tan bello como la afirmación «soy porque somos». Ubuntu refleja la humanidad para con las demás personas y se centra en el respeto, la lealtad, el cuidado del prójimo y las relaciones con la comunidad. Ubuntu es lo que necesitamos. Es una forma de entender(nos) que nos ayuda a trabajar en el reconocimiento de las personas que nos rodean.

Voy a ir terminando, y para ello compartiré dos fragmentos más del ensayo de Lorde, con el deseo de que sean el empujón que te mueva a reflexionar en profundidad, si has sentido que este capítulo te interpela.

> Y cuando las palabras de las mujeres se dicen a voces para que sean escuchadas, es responsabilidad de cada una de nosotras hacer lo posible por escucharlas, por leerlas y compartirlas y analizarlas para ver cómo atañen a nuestras vidas. Es nuestra responsabilidad no refugiarnos tras las parodias de la segregación que nos han impuesto y que a menudo hemos aceptado como propias.[75]

Las mujeres negras estamos haciendo nuestra parte del trabajo diciendo todas estas palabras a voces. Y, lejos de lo que se nos recrimina constantemente, no lo hacemos desde el enfrentamiento, sino con la voluntad de ser escuchadas.

Ahora falta que las mujeres blancas hagan lo posible por hacerse cargo de su parte de responsabilidad escuchándonos. Pero, para que eso fuera así, tendrían que dejar de señalarnos con el dedo como causantes de la rup-

75. *Ibid.*

tura de El Movimiento Feminista. ¿Qué feminismo es este, pues, si nos quiere en silencio y subyugadas, protegiendo a las mujeres que se encuentran en una situación de mayor privilegio, en lugar de querernos trabajando juntas por la liberación de todas?

> Podemos aprender a trabajar y a hablar aun teniendo miedo, tal como hemos aprendido a trabajar y a hablar cuando estamos cansadas. Nuestra educación nos ha enseñado a tener mayor respeto al miedo que a nuestra propia necesidad de hablar y definirnos, y mientras aguardamos en silencio a que al final se nos conceda el lujo de perder el miedo, el peso del silencio nos va ahogando.[76]

Yo ya no espero más. Voy a hablar a pesar del miedo, porque mis silencios no me están protegiendo. Ni a mí ni a vosotras.

Es tiempo de que el lema «el feminismo será interseccional o no será» deje de ser un eslogan en pancartas del 8M y de chapas en las cazadoras, y se convierta en una realidad que nos permita trabajar conjuntamente hacia un movimiento feminista en el que quepamos todas.

76. *Ibid.*

9

Ponte a punto

Creo que, después de todo lo que te he explicado en este libro, llega el momento de que te pongas realmente a punto y pases a la acción. ¿Por qué he decidido incluir este capítulo? Pues porque en muchas ocasiones me encuentro con que hay personas que leen mis boletines, o leen mi contenido en las redes sociales sobre racismo y antirracismo, pero después no saben muy bien cómo aterrizar todas esas cuestiones en su día a día.

A veces pensamos que el antirracismo está relacionado con cuestiones muy abstractas, y otras no sabemos cómo podemos practicar el antirracismo en nuestro entorno. No obstante, creo que durante los capítulos anteriores, y a través de las experiencias que he compartido contigo, has podido ver que el racismo está ahí, también en lo cotidiano, y que nos toca tomar partido.

Antes de empezar, me gustaría recordarte una frase de Desmond Tutu muy importante, que es la siguiente: «Si eres neutral en situaciones de injusticia, significa que has elegido el lado del opresor».

Es importante que entiendas que, en cuestiones de justicia social, la neutralidad no existe. Esos eslóganes del estilo «ni machismo, ni feminismo: igualdad» no son reales. Porque mientras que el machismo promueve que los hombres son superiores a las mujeres por naturaleza, el feminismo no es lo opuesto. El feminismo no es el movimiento que promueve que las mujeres son superiores a los hombres. De ahí que lo de «ni machismo ni feminismo...» sea una patraña.

Por esa misma regla de tres, tampoco podemos dar por bueno lo de «ni racismo ni antirracismo: igualdad». Porque mientras el racismo es una expresión de la supremacía blanca que sostiene que las personas de raza blanca son superiores al resto, el antirracismo no es una forma de racismo inverso —pero de eso ya hemos hablado, ¿verdad?—. Por consiguiente, no es posible mantenerse neutral. Ni en cuanto al machismo, ni en cuanto al racismo.

Mantenerse neutral implica no hacer nada. El problema aquí es que en muchas ocasiones no somos conscientes de que, al no hacer nada, permitimos que todo siga igual. Y eso no es bueno. Y digo que no es bueno porque no vivimos en un sistema justo, que respete a todas las personas por cómo son, simplemente por ser. Eso no es así. Así que, cuando no haces nada, permites que este sistema desigual e injusto en el que vivimos siga generando más desigualdad y más situaciones de discriminación contra las personas negras y de otros orígenes raciales.

Otro apunte relacionado con esto que te estoy explicando: tú puedes considerar que no eres racista. El problema aquí es que, aunque no lo seas, si decides no hacer nada, es muy posible que estés contribuyendo a que se sigan produciendo situaciones de discriminación racial contra muchas personas. Así pues, no todo se reduce a no ser abiertamente racista. Se trata de pasar a la acción. Y esto es lo que reclama una frase que se escucha a menudo en los movimientos antirracistas: «No basta con no ser racista. Hay que ser antirracista». Y como hay que ser antirracista, y ser antirracista implica HACER, por eso estoy escribiendo este capítulo, para compartir contigo algunas cuestiones que te pueden ayudar a pasar a la acción.

Además, con ello quiero contrarrestar la sensación que se te puede haber quedado en el cuerpo de que todo está mal —pero es que sí, chiqui: todo está bastante mal— mediante estos consejos, para que te pongas en marcha y empieces a practicar el antirracismo en tu entorno.

Empieza por ti.

Hay algo que debes tener muy en cuenta: el antirracismo no va de señalar a los demás sus faltas, sus errores y sus actitudes racistas. No. Primero tienes que empezar por ti.

Es muy importante que empieces por ti. De lo contrario, puedes caer en el antirracismo performativo del que ya te he hablado. Me explico: hay personas (blancas) que identifican muy bien las actitudes racistas de las personas de su entorno, y además son capaces de señalarlas. Este es un fenómeno que se da mucho en las redes sociales. Sin embargo, no sirve de nada que te pases el día señalando las conductas y comportamientos racistas de otras personas si no te aplicas el cuento.

Tienes que ser capaz de revisar tus actitudes y tus aprendizajes desde la autocrítica. Date cuenta de cuándo tú estás teniendo pensamientos o comportamientos racistas, y revísalos. No creas que solo por ser consciente de que existen desigualdades y señalarlas, no tienes que revisar tus actitudes. A ti te ha educado en el mismo sistema supremacista que al resto de las personas, y eso tienes que recordarlo.

Me gustaría mucho que este recordatorio de que tú también has recibido esa misma educación y que también la cagaste en su día —y puedes seguir cagándola, ojo—, te ayude a mostrarte humilde y te permita actuar desde la compasión hacia las otras personas. Quiero decir que el hecho de señalarle a alguien un comportamiento indebido no tendría que ser, a priori, una oportunidad para ridiculizar o humillar a nadie, sino una ocasión para brindarle a esa persona la oportunidad de aprender, rectificar y evolucionar. Pero siempre con humildad, por favor.

Apelo a la humildad con insistencia para que nunca creas que ya lo sabes todo y que ya no tienes nada que aprender. El antirracismo no es un destino: es un viaje. Irás avanzando y recorriendo etapas, pero siempre, absolutamente siempre, habrá espacio para nuevos aprendizajes. Cuando lleves mucho trecho recorrido, habrá muchos errores que ya no cometerás, pero te enfrentarás a nuevas situaciones en las que, tal vez, las expresiones de la discriminación racial sean cada vez más sutiles. Puede que no las detectes y que otras personas te las señalen a ti. Acoge ese señalamiento con humildad y agradece que haya alguien cerca de ti que tiene ganas de que sigas avanzando.

Hacer este ejercicio de autocrítica y ser humilde te

permitirá mantener la fragilidad blanca a raya. De esta forma, los discursos antirracistas no te angustiarán, no supondrán una amenaza para ti, ni sentirás que cuando se critica a la blanquitud se te ataca a ti directamente. Y cuando te señalen un comentario o una actitud racista, la autocrítica te ayudará a hacerte responsable de lo que has dicho o hecho, a admitir tu error, a pedir disculpas sinceras si es necesario que las pidas, y a buscar formas para reparar lo que ha sucedido.

Cuando las personas no son capaces de ejercer la autocrítica se quejan, echan balones fuera y justifican lo que han dicho, o niegan directamente el racismo.

«¡Es que ya no se puede decir nada!». Ahí va la queja.

«Eso es una forma de hablar, y se ha dicho siempre». Ahí tienes la justificación.

«¡Eso qué va a ser racista!». La negación.

Todas estas señales son indicativas de que debes empezar por ti. Porque, déjame que insista, esto no va de que te conviertas en la policía antirracista de otras personas blancas. Esto va de tu aprendizaje y de tu crecimiento, y de las formas en que puedes contribuir a aumentar la justicia social y a disminuir las situaciones de discriminación racial. Este es el verdadero motivo por el que debes actuar. No hagas todo esto por ti, para colgarte la medallita de La Buena Aliada Antirracista y jactarte de ello.

Como parte de la autocrítica, también es necesario que reconozcas tu propio privilegio como persona blanca. ¿Te has parado a pensar alguna vez en qué significa para ti ser una persona blanca? Yo sé que utilizar la palabra «privilegio» despierta muchas resistencias.

Cabe decir que ser una persona blanca, gozar del privilegio de la blanquitud —o privilegio blanco— no significa que tu vida haya sido un camino de rosas y que no hayas enfrentado dificultades. No se trata de eso. Se trata de que el color de tu piel no añade una capa más de dificultades a lo que sea que te pasa.

¿Cuándo te diste cuenta de que eres una persona blanca? ¿Has pensado en algún momento si ser una persona blanca, sin más, supone algún tipo de peligro para ti en los espacios en los que te mueves? ¿Te has parado a pensar en cómo es tu relación con las instituciones, desde tu realidad de persona blanca? Cuando vas al médico, ¿te tratan bien o te infantilizan? ¿Cómo es tu relación con las fuerzas y cuerpos de seguridad? ¿Sientes que realmente garantizan tu seguridad y que te puedes relacionar con normalidad con sus representantes? ¿Te han parado en alguna ocasión en un control aleatorio para pedirte la documentación? ¿Sales de tu casa sin tu documento de identidad sin preocuparte? Estas son solo algunas de las cuestiones que conforman el privilegio blanco. Si no las registrabas como parte del privilegio que supone ser una persona blanca, es porque vives en una sociedad que está diseñada para satisfacer tus necesidades como persona blanca.

Ser una persona blanca no solo te convierte en la norma. Te convierte también en lo legal. Y aunque, ciertamente, ninguna persona es ilegal, ser una persona blanca representa algunas ventajas, sobre todo de cara a la percepción de la sociedad y las instituciones. Es necesario que seas consciente de ello. Por eso necesito que empieces por ti, por tu propia revisión.

Otra cosa importante es que no te estanques en la culpa. Esto lo digo porque en ocasiones me he encontrado con personas blancas que, cuando empiezan a entrar en contacto con el antirracismo y a tomar conciencia de todas las ventajas de las que disfrutan por el mero hecho de ser blancas, se paralizan. O, peor aún: son presa de la culpa y sienten la necesidad de pedir perdón. Otras, en cambio, las que no están dispuestas a hacer este ejercicio de toma de conciencia y admitir que el sistema racista las beneficia —o, cuando menos, que no las perjudica— se ponen a la defensiva.

Estas personas reaccionan diciendo cosas del estilo de «yo no tengo por qué pedir perdón por lo que pasó hace siglos», o «eso lo hicieron mis antepasados, ¿qué pinto yo en todo esto?». Evidentemente, lo que pasó, pasó. Y ya está. Pero no podemos ignorar el hecho de que las sociedades en las que vivimos son el producto de lo que se hizo siglos atrás. No es una cuestión de pedir perdón, y menos a personas a las que no conoces de nada. Es una cuestión de ser consciente de que la colonización y el imperialismo construyeron sistemas que hoy —sí, sí, hoy, ahora— siguen ofreciendo un paquete de ventajas de las que no eres consciente. Como dice Peggy McIntosh, «a las personas blancas se les enseña cuidadosamente a no reconocer el privilegio blanco, igual que a los hombres se les enseña a no reconocer el privilegio masculino». Sin embargo, que tú, como persona blanca, no percibas ese privilegio, no significa que no exista. Ser consciente de ello puede que te ayude a estar más alerta y a no negar, de entrada, los señalamientos que te hagan y que atribuyan a tu privilegio blanco.

Ahora que hemos hablado un poco de lo que debes tener presente sobre tu propia deconstrucción, y de las cuestiones sobre las que sería interesante que estuvieras alerta, también quiero darte algunas herramientas y recursos que te pueden ayudar a conducirte en tus conversaciones sobre supremacía y privilegio blanco.

Creo sinceramente que es necesario que las personas blancas hablen más de supremacía blanca y privilegio blanco, y no tanto de racismo. Déjame que te explique por qué. No es que no crea que no haya que hablar de racismo, pues este es una de las consecuencias de la supremacía blanca. Pero en numerosas ocasiones, cuando se habla de racismo, muchas personas blancas consideran que, al no ser racistas, no tienen nada que ver con el tema y, por lo tanto, no tienen nada que hacer. Creen que el racismo es algo que deben resolver las personas cuyas vidas se ven expuestas a esa opresión. Esto es tremendamente injusto. No somos las personas racializadas las que construimos un sistema que nos aniquila. ¿Por qué debemos, entonces, encargarnos del tema solo nosotras? Por eso creo que cambiar la conversación y hablar sobre supremacía blanca cambia el juego.

Nombrar la supremacía blanca cambia la conversación porque traslada la responsabilidad a las personas blancas, que, en realidad es en quienes recae. También señala la dirección del trabajo a largo plazo que deben asumir las personas blancas. Sería muy interesante que las personas blancas se atreviesen a desafiar su complicidad y los beneficios que les reporta el racismo. Este es un trabajo que todas las personas blancas deben hacer, incluso las de izquierdas —feministas y antifascistas— que militan en organizaciones en favor de la justicia social, ya que todas las personas blancas han sido moldeadas por la supremacía blanca incrustada culturalmente, desde el momento en que han sido criadas y educadas en sociedades mayoritariamente blancas.

La investigación actual sobre el sesgo implícito demuestra que todas las personas tienen prejuicios raciales, que la mayoría no son conscientes de ello y que se manifiestan en nuestras acciones. Debido a que las personas blancas controlan las instituciones, ese sesgo racial está arraigado e inoculado en toda la sociedad, y actúa en beneficio de todas las personas blancas, independientemente de sus intenciones, conciencia o autoimagen. Así que la tarea de las personas blancas no es alejarse del impacto de todos estos condicionantes, sino tratar de identificar en todo momento cómo estas fuerzas moldean y se manifiestan en sus vidas específicas, e interrumpir dichas manifestaciones.

Por lo que respecta al compromiso social, otro de los retos consiste en lograr que más personas blancas se involucren. Tienen que entender que el racismo es una opresión que ejercen las personas blancas, así que, sí, es un problema de personas blancas. Siempre lo ha sido. Por eso hay que involucrarse. Y esto requiere una participación muy activa de las personas blancas que ya se significan contra el racismo, porque sus discursos han sido más legitimados que los de las personas negras, precisamente bajo esa misma supremacía blanca. Y, aun habiendo alcanzado este compromiso social, hay que tener mucho cuidado de no caer en la fragilidad blanca, de la que hablaremos en este mismo capítulo. Y también hay que estar ojo avizor para que ese compromiso no derive en conductas de salvación blanca o de antirracismo performativo.

Así que, si eres una persona blanca y estás a punto para asumir tu parte del trabajo y empezar a tener estas conversaciones con otras personas blancas, quiero dejarte aquí algunas recomendaciones para que te animes a meterte en el jardín del antirracismo. Te aviso ya: son conversaciones que en determinados momentos te generarán mucha frustración e impotencia, y van a ser difíciles, pero nadie dijo que tuviera que ser fácil, y tampoco nadie dijo que por ser difícil debería dejar de hacerse.

Vamos allá con los consejos:

1. Prepárate para que tu entorno te cuestione

Significarse como antirracista es una tarea ardua, sobre todo si tu entorno no está en el mismo punto que tú y no se ha planteado todo lo que te estás planteando. Es por eso por lo que, antes que nada, en esta puesta a punto tienes que trabajar tu lado emocional, como parte esencial de los cuidados que debes prodigarte.

Prepárate para que te etiqueten de susceptible o de tener la piel muy fina. Son cosas que no resultan fáciles de escuchar, así que cuanto antes sepas que las vas a oír, mejor. Recuerda que estas conversaciones sacarán a relucir la fragilidad blanca de las personas con las que estés conversando. Las conversaciones sobre antirracismo generan mucha incomodidad porque las personas con las que hables generalmente partirán de un punto erróneo: que no son racistas porque son buenas personas. Así que, cuando tú digas algo del estilo de «eso que has dicho es racista», probablemente lo que estén escuchando y lo que resuene en su cabeza sea «eres mala persona», a pesar de que no hayas dado a entender eso en ningún momento.

Además, hay otro problema: no nos gusta que nos llamen la atención. Las llamadas de atención nos provocan vergüenza, y sensación de error. Por lo menos a mí. Soy muy consciente de que cuando me llaman la atención resurge mi niña interior, a la que le daba mucha vergüenza que le llamaran la atención en el colegio. Es algo que sigo trabajando para gestionar esas llamadas de atención como parte de mi crecimiento, lejos de la vergüenza y entendiendo que, por lo general, quien señala mis conductas discriminatorias, lo hace porque cree que puedo mejorar. Sin embargo, no se nos educa para aceptar el error como parte natural del aprendizaje. Este es un problema serio. Es imposible pensar en un ciclo de aprendizaje que no incluya el error como parte de este. Así que tú, yo y cualquier otra persona que esté aprendiendo, tiene que aceptarlo: la equivocación es natural y no hay que avergonzarse. Y, evidentemente, como a ti no te gusta experimentar esa sensación de vergüenza que despierta instintivamente en nosotros cuando nos señalan un error, tenlo presente cuando señales a alguien un comportamiento racista: hazlo desde la compasión. No es necesario humillar a nadie para corregir sus errores. El buen trato, la amabilidad y los cuidados son herramientas poderosas.

Úsalas para que quien está frente a ti entienda que haces ese señalamiento porque quieres contribuir a su aprendizaje, no porque quieras ridiculizarlo o avergonzarlo frente a terceras personas.

Pero si, aun teniendo en cuenta todo esto, la persona con la que hablas adolece de la consabida fragilidad blanca, no quiere atender a tus razones e insiste en negar cualquier atisbo de racismo en su actitud, ten siempre presente esto: que te digan eso no significa que estén en lo cierto. Significa que no tienen otra forma de rebatir lo que estás diciendo.

Respira hondo, mantente firme en tus convicciones y sigue adelante, consciente de que estás en el buen camino. Lo único que pasa es que tus contactos todavía no han llegado al punto en el que estás tú. Y no es que el activismo antirracista sea algo nuevo, no. El reto se encuentra en que todavía hay muchas personas blancas que, equivocadamente, creen que el racismo es algo del pasado, que ya no existe. Y lamentablemente esta creencia es muy difícil de rebatir, por lo que te he explicado en otros capítulos del libro: la percepción del racismo está muy relacionada con la moralidad, con la percepción del bien y del mal, cuando en realidad no es así. Y eso explica, en parte, la gran resistencia que existe a la hora de admitir el racismo.

De hecho, en muchas ocasiones, la cosa se tuerce tanto que es peor visto quien señala el racismo que el comportamiento racista en sí. ¿No resulta irónico? De repente, quien señala un comentario racista se convierte en el aguafiestas que arruina un buen momento. Y así, de forma casi imperceptible, ¡tachán!, se desvía la conversación. En vez de aprovechar ese momento para reflexionar sobre la gravedad de lo que ha sucedido, se culpabiliza a quien señaló el hecho. Además, en la mayoría de los casos, la persona que señala el comentario racista no suele encontrar muchos apoyos. Y acaba quedándose sola, teniendo que hacer frente a la opinión impopular no solo del que soltó la «racistada» —que la niega rotundamente—, sino también de las personas que lo han presenciado y que, a fin de no tener que pronunciarse, o bien mirarán hacia otro lado para escurrir el bulto, o se pondrán directamente del lado de quien hizo el comentario discriminatorio.

Este es el primer consejo que quiero compartir contigo. ¿Te habías planteado que iba a ser necesario que te prepares mental y emocionalmente?

2. No des nada por sentado

Cuando hablamos de antirracismo, es mejor no dar nada por sentado. Con esto quiero decir que no asumas que la persona que tienes delante sabe de qué le estás hablando cuando señalas una conducta o comportamiento racista. Ni siquiera des por sentado que esa persona tiene el mismo grado de conocimiento que tú en lo referente a racismo y antirracismo. Por más básico que te lo parezca a ti, no lo des por hecho. Eso que estás explicando, y que puede ser de cajón para ti, no tiene por qué serlo para la otra persona.

Es importante que tengas claro que cada persona se encuentra en un nivel diferente de comprensión de lo que significa el antirracismo. No estoy diciendo que trates de ignorante a la persona con la que estás hablando; no me malinterpretes. Lo que quiero decir es que nadie lo sabe todo. Por lo tanto, te recomiendo que, cuando le expliques algo a una persona, lo hagas de forma pedagógica, sin suponer que debe saber lo que le estás diciendo, sobre todo si es la primera vez que habláis sobre el tema del racismo. Eso te permitirá dar una explicación didáctica y asertiva.

Intenta alejarte de los comentarios del estilo de «¡no puedo creer que no sepas esto!», o «¡esto es tan básico que deberías saberlo!». Ese tipo de suposiciones, además de hacer sentir mal a la persona con la que estás hablando, la predispondrán a ponerse a la defensiva y a no querer saber nada de ti. Son frases que suenan muy soberbias, por lo que sería conveniente no utilizarlas.

Si bien es cierto que en pleno siglo XXI nos da la sensación de que debería haber una mayor conciencia colectiva sobre el antirracismo, eso no es así. Todavía estamos iniciando la conversación. Y no es que el tema sea nuevo. La lucha por los derechos humanos y civiles de las personas racializadas ya tiene siglos de historia. Sin embargo, a muchas personas les suena a nuevo porque no estaban escuchando. Esto es así porque, en general, cuando creemos que algo no va con nosotras, no prestamos atención. Así que si tienes la suerte de que alguien a quien le estás hablando de antirracismo está en disposición de escucharte, no le hagas sentir mal. Aprovecha el momento para difundir el mensaje antirracista. Nunca hay demasiadas personas trabajando en favor de la justicia social. De modo que, si se suman, bienvenidas sean.

Aquí te vuelvo a recordar que si adoptas una actitud compasiva todo será más fácil. Incluso puede que, si te muestras asertivo y paciente, la otra persona no se cierre en banda.

Este es el consejo número 2 que quería darte. ¿Te habías planteado esto? En tus conversaciones, ¿cuentas con que la persona interlocutora puede no tener el mismo grado de conocimiento del tema que tú? ¿O por el contrario pierdes la paciencia pensando que lo que cuentas es básico y cualquiera debería saberlo?

3. Remite a fuentes originales

En ocasiones te encontrarás con personas que tienen ganas de rebatir todo lo que les digas. Ya sabes que en todos los ámbitos hay personas que creen tener todas las respuestas, aunque esas respuestas sean incorrectas. Si, en un momento dado, te quedas sin recursos o sin saber qué más contestar, recurre a las fuentes originales de donde se nutre tu aprendizaje antirracista. Artículos, libros, podcasts, etcétera.

¿Por qué te doy este consejo? Porque con el antirracismo pasa que lo que se dice nunca es suficiente. Siempre te van a pedir estudios, datos, cifras, información contrastable. En el momento en que citas fuentes, tienes la posibilidad de que la otra persona vea que lo que estás diciendo no es algo que te hayas sacado de la manga ni que se te haya metido entre ceja y ceja, sino que es un tema del que otras personas también están hablando.

También es útil que recurras a fuentes originales cuando simplemente no quieras seguir con la conversación. Puedes decir algo del estilo de «te dejo esta información, por si quieres seguir investigando tú. Yo doy por finalizada mi intervención en esta conversación». Y te retiras tan pichi.

Sin embargo, el motivo por el que considero que es más importante que cites las fuentes originales es que así das crédito y reconocimiento a las personas racializadas de las que estás aprendiendo. De lo contrario, se produce un fenómeno muy curioso, por llamarlo de alguna forma. Y es que, de repente, las personas blancas que hablan de antirracismo reciben más atención y más credibilidad que las personas racializadas que están diciendo exactamente lo mismo. Pasa algo parecido a lo que sucede con los hombres aliados y el feminismo: suelen llevarse el crédito por repetir lo que han aprendido de las teorías feministas, pero no se molestan en citar a las autoras y a las pensadoras de las que aprendieron. Ya sabes: unos cardan la lana y otros se llevan la fama.

Es muy habitual que, cuando las personas blancas aprenden teoría antirracista, las mujeres y feminidades negras nos sigamos quedando al margen. No se reconoce nuestro trabajo, y en muchas ocasiones —lo cual aún es peor— tampoco se nos retribuye. No solo se nos paga menos en cualquier tipo de trabajo. Las mujeres negras que ejercen como artistas, consultoras y en otros ámbitos creativos, normalmente ven cómo grandes compañías multinacionales con mucha pasta (y dirigidas por personas blancas) roban su trabajo de forma sistemática. Muchas personas blancas siguen esperando educación gratis por parte de las personas negras.

Las mujeres negras, en las redes sociales, nos pasamos horas realizando labores pedagógicas, educando a la gente blanca acerca de las desigualdades que sufrimos las personas racializadas en diferentes ámbitos de la vida: educación, vivienda, criminalidad... ¿y qué recibimos a cambio de esta labor agotadora? Racismo, acoso, exposición o amenazas de muerte. No hablo de oídas; esto me sucede más a menudo de lo que me gustaría. Aun así, no podemos dejarlo. Nuestra supervivencia, nuestra existencia, depende del hecho de que las personas blancas reconozcan que, aunque no lo pretendan, nos oprimen. Vivimos en un sistema blanco supremacista que legitima la discriminación y el maltrato. Esto va más allá de las intenciones que la persona blanca tenga o no de ofendernos. Hablamos de una estructura que nos jode la vida en todo momento.

Nuestro bienestar emocional depende del hecho de posicionarnos y de recuperar espacios. Ello implica luchar contra la supremacía blanca, y supone un coste emocional muy alto. Este es uno de los motivos por los cuales, sobre todo en mi cuenta de Instagram, insisto en remarcar a las personas racializadas cuán importantes son los autocuidados. Y, dentro de los autocuidados, la salud emocional destaca especialmente.

Muchas personas blancas se llenan la boca diciendo en

las redes sociales cuánto han aprendido gracias al trabajo de muchas maestras negras. Unas lo dicen abiertamente, desde la humildad. Otras, desde medios y plataformas sociales con mucha difusión se limitan a robar nuestros discursos y apropiarse de nuestras reivindicaciones. Se cuelgan la medallita de buena aliada antirracista, aunque no lo son, claro, y nunca jamás citan sus fuentes: todas las mujeres negras de las que aprenden.

Así que si tú, que me estás leyendo, eres una de esas mujeres negras o de otro origen étnico que a diario ofrece contenidos que ayudan a abrir los ojos a las personas blancas, y que nos representa a las personas negras, desde aquí, te agradezco y honro tu labor, y por eso quiero recordarte que no puedes dar continuamente si no recibes, y también que mereces ser consciente de lo que vales y reclamarlo. Si, por el contrario, eres una persona blanca, agradece y honra el trabajo de todas esas mujeres negras y racializadas de las que aprendes, a las que en alguna ocasión agradeces ese conocimiento de forma privada, pero a las que nunca citas públicamente. Da un paso al frente por todas estas mujeres que tanto te aportan. Si son activistas digitales, por lo menos cítalas cuando te estés refiriendo a su trabajo. Y si, además, les preguntas si tienen alguna tarifa y pagas por el conocimiento que obtienes de ellas, ya será fantástico.

Es importante que tengas claro que las personas de grupos minorizados no tienen ninguna obligación de educar gratuitamente a las personas de los grupos dominantes. Sin embargo, las personas de los grupos dominantes sí que tienen la obligación de educarse. Así dejarán de perpetuar este sistema cruel y desigual en el que vivimos. Por consiguiente si como persona negra o racializada estás comprometida con la lucha contra la opresión y a favor de la liberación, tu experiencia y tu pericia deben ser no solo reconocidas, sino también recompensadas. Y, si eres una persona blanca, debes entender que citar a las personas racializadas de las que aprendes es lo menos que puedes hacer.

4. Sé paciente

Sé que este consejo es de los que cuesta poner en práctica. Tendemos a impacientarnos mucho. Además, el mundo en el que vivimos, donde todo sucede a una velocidad que a veces cuesta asumir, también invita a eso, a la impaciencia y a la inmediatez. La educación debería mantenerse al margen de las prisas. Educarse es un proceso de largo recorrido y que, por lo tanto, requiere que nos armemos de paciencia. Y si además estamos intentando concienciar sobre el antirracismo en nuestro entorno, aún necesitaremos más paciencia, ya que, como te he ido diciendo a lo largo de este libro, la educación antirracista no aglutina muchos fans. Por eso te sugiero que te plantees la tarea de difundir la educación antirracista como si fuera tu jardincito. Entiende, y sobre todo acepta, que lo que siembras ahora no germina al momento. Ten presente que estás planteando conceptos y situaciones que cuestionan la forma en la que nos han sido explicados una gran parte de los conocimientos que hemos ido adquiriendo. Digerirlo lleva tiempo.

Recuerda también que, en su día, tú también estuviste ahí, en el inicio del camino. Si te pones a pensar en ello, te darás cuenta de que has llegado donde estás porque alguien se tomó su tiempo contigo y tuvo la paciencia a la que me estoy refiriendo. De modo que sé paciente. Hay un proverbio budista que dice «cuando el alumno está listo, el maestro aparece». Tal vez esa persona con la que estás discutiendo ahora, no está preparada para asimilar el mensaje que le estás transmitiendo y haga el cambio de chip más adelante.

Si la persona con la que estás hablando no está receptiva, sin duda no es su momento de aprender lo que le estás explicando. Sin embargo, puede que, en un futuro no muy lejano, esa persona empatice de una forma distinta con el mismo mensaje o con otro similar, y entonces iniciará su camino e incorporará el antirracismo a sus valores personales. Mantente cerca y disponible. Así podrás ver cómo se obra el cambio y tendrás oportunidad de acompañar a esa persona en su aprendizaje. Tal vez alguien hizo eso contigo; si en tu caso fue así, sería bonito que tú hicieras lo mismo por otra persona. Y si nadie lo hizo por ti —algo muy difícil, porque siempre, alguien, en algún momento nos guía—, haz por otra persona lo que te gustaría que alguien hubiera hecho por ti cuando empezaste a aproximarte al discurso antirracista, y guíalo de la misma forma amorosa en que te hubiera gustado que te hubiesen guiado a ti.

Pues este ha sido el consejo número 4, el penúltimo de los que te voy a dar. Ahora piensa en lo siguiente y, si quieres, anota tus respuestas en tu cuaderno: ¿tienes paciencia a la hora de exponer tus argumentos y dar explicaciones? ¿Cuáles son tus herramientas? ¿Qué es lo que te ayuda a mantener la calma cuando parece que las cosas se salen de madre?

5. Sé firme

Tienes derecho a decidir cuándo dar por zanjada una conversación. Te encontrarás con personas que tengan ganas de seguir discutiendo, o puede que, en ese afán por seguir rebatiendo, hagan más comentarios racistas.

Si la persona que tienes delante se enroca y sigue en lo suyo, abandona la conversación. Recuérdalo siempre: tienes derecho a abandonar la conversación por más que esa persona insista.

Tal y como te dije: haces tu último comentario del estilo de «ya no tengo nada más que añadir» o «doy por terminada la conversación», lo que quieras. Y mantente ahí por más que la otra persona insista. A fin de cuentas, esa también es una forma de autocuidado. Pero no te escudes en el hecho de poder abandonar la conversación cuando quieras para evitar mantener conversaciones incómodas. Me explico.

En algunas ocasiones, dentro de los grupos con los que trabajo, me encuentro con personas blancas que evitan tener conversaciones sobre racismo con otras personas blancas porque la conversación se pone tan incómoda que empiezan a sentir ansiedad y no se ven con suficiente energía para seguir hablando del tema. Sé que esto que voy a decir va a doler, pero la ansiedad no es excusa para evitar abordar conversaciones incómodas.

Vamos a pensar también en el privilegio que supone, en cuanto que personas blancas, poder decidir que se aparca el tema del racismo para evitar discutir.

Según la escritora Laila F. Saad,[77] semejante conducta está relacionada con la apatía blanca. Ella define la apatía blanca como una respuesta de autoconservación que las personas blancas usan para protegerse de tener que enfrentar su propia complicidad en el sistema de opresión de la supremacía blanca.

Pero, evidentemente, la apatía tampoco es neutral. Ya te he comentado que, en realidad, nada lo es cuando se trata de racismo. Y la inacción intencionada de la apatía blanca también es peligrosa.

Así que hay personas blancas, como dice Saad, que utilizan su alta sensibilidad, su introversión y otros problemas personales y de salud mental para optar por no hacer el trabajo. Sé lo controvertido que suena esto. Pero piensa que hay personas racializadas que también son altamente sensibles, altamente introvertidas y tienen problemas de salud mental, y que no pueden evitar que el racismo impacte en su vida. Así que cuando, como persona blanca, tú decides dejar de tener una conversación porque te está resultando tremendamente incómoda, hay personas racializadas que no pueden decidir que el racismo deje de impactar en su vida de forma violenta y les genere dificultades en el plano personal, social, profesio-

77. Laila F. Saad, *Yo y la supremacía blanca*, Madrid, Grijalbo, 2020.

nal, económico o de salud. Y eso es algo que deberías tener muy presente.

Con ello no quiero decir que debas discutir sí o sí hasta la extenuación, pero ten presente esto: una persona blanca, al final del día puede desconectar de esa conversación porque el racismo no es algo que marque su existencia. En cambio, una persona afro o de otro origen étnico diverso que ha vivido directa o indirectamente una agresión racista, puede estar varios días afectada, disgustada o conmocionada, con todas las consecuencias que dicha violencia pueda tener para su salud física y mental. Es un apunte, una invitación a la reflexión.

Me gustaría mucho que te sentaras, con tu bloc de notas, y meditases sobre lo siguiente: ¿eres consciente de haber evitado tomar partido y significarte abiertamente con respecto al racismo ESCUDÁNDOTE en problemas de ansiedad o introversión? ¿Has observado si otras personas blancas o con privilegio blanco en tu entorno lo hacen?

Consejo extra: No busques obtener aprobación

De verdad, no lo hagas. No importa de qué se trate.

Cuando una persona o grupo hace algo para abordar los sesgos y desequilibrios de nuestra sociedad, ya sea a gran escala, en su propia esfera de influencia o a título indvidual, esa acción ya es algo positivo de por sí. Pero el mero hecho de actuar no debería ser motivo de celebración, felicitación o fiesta. ¿Por qué? Porque se trata de un acto de decencia humana básica. Y las personas no deberían ser elogiadas por hacer algo que tendrían que haber hecho desde siempre. Porque eso lleva a las personas a hacer lo correcto por los motivos equivocados: para cosechar elogios personales o profesionales. Es decir, para obtener aprobación.

Da igual que hayas reportado un contenido racista en las redes sociales. Da igual que hayas rebatido la creencia de que los inmigrantes vienen a robar el trabajo y a vivir de ayudas. Da lo mismo que te hayas enfrentado a tu familia en la comida de Navidad y se hayan puesto a la defensiva. O que, en una fiesta, ante personas desconocidas, hayas señalado la apropiación cultural de un disfraz. No importa.

Si tú eres una persona blanca trabajando en favor de la justicia racial, no debes buscar ningún tipo de elogio o de aprobación. Y puede que esto te escueza, pero nadie se merece un premio por ser una persona decente. ¿Por qué deberías recibir elogios por practicar la alianza antirracista? ¿Por qué deberías recibir elogios por tratarnos con el honor y la dignidad a los que cualquier persona tiene derecho, o por ser amable?

Así que no, no deberías recibir halagos de ningún tipo por ello. Y más importante todavía: no deberías esperar recibirlos. Esto conviene tenerlo muy presente, porque en ocasiones hay personas blancas que les cuentan a determinadas personas negras o racializadas la acción antirracista que piensan llevar a cabo, y esperan que estas les respondan. Tienes que saber que eso resulta superviolento. Primero, porque, como ya he dicho antes, no mereces ninguna atención especial por hacer lo que tienes que hacer. Pero es que, además, decírselo a una persona racializada para que te dé su aprobación no es más que una forma de autocomplacencia, un modo de hacer que te sientas bien, y el antirracismo no consiste en eso.

Pretender que una persona racializada te dé su visto bueno también te vincula con el antirracismo performativo, del que ya hemos hablado, y demuestra que lo que haces tiene por objeto lograr algún tipo de rédito personal; e, insisto, esto no funciona así.

Ten presente que nadie debe darte palmaditas en la espalda por hacer lo que debes, algo que, además, como aliada antirracista que eres, te corresponde hacer por tu cuenta y riesgo. La alianza es tu responsabilidad como persona blanca, e implica desafiar las creencias racistas de otras personas en lugar de defenderlas. La alianza antirracista implica utilizar tu privilegio para decirle a la gente que está siendo ofensiva o violenta y, también, para ser consciente de cuando tú eres esa fuente de ofensa o violencia. Responsabilízate de tus actos y sigue hacia delante.

Que no merezcas aprobación externa no significa que la gente no se dé cuenta de que estás actuando básicamente con una persona decente. Por desgracia, en nuestra sociedad, quienes hacen lo correcto en lo referente a prejuicios, sexismo, racismo, etc., destacan porque muchas personas a su alrededor no hacen lo correcto. Aun así, tu objetivo no debe ser centrar la atención en ti, sino en la injusticia contra la que estás luchando. Porque, vuelvo a repetírtelo, tú no eres el centro.

Ahora te invito a que, si te apetece, recuperes tu cuaderno y respondas a estas preguntas: ¿recuerdas, en alguna ocasión, haber esperado la aprobación por algo que hiciste? Si no la obtuviste, ¿qué sentimientos te generó no haberla obtenido? Ten presente que no hay emociones buenas o malas. Si el hecho de no obtener ese reconocimiento te generó emociones que percibiste como negativas (decepción, enfado...) no te cortes y desarróllalas.

Espero que estos consejos que te acabo de dar te permitan reflexionar sobre cómo abordar tu papel en el activismo antirracista y, ojalá, además de a reflexionar, te animen a dar el paso y a ponerte manos a la obra, ahora que ya estás a punto.

Epílogo

Has llegado al último capítulo del libro. Toca recapitular y cerrar. Así que en este capítulo quiero compartir contigo unas últimas reflexiones relacionadas con cuestiones que he ido tratando a lo largo de los capítulos anteriores.

Voy a empezar recuperando algo que te decía en el primer capítulo. La pretensión de este libro no es que te guste. Es que te sirva. Que te sirva para acercarte a otra forma de entender el mundo y muchas de las situaciones que ocurren en él. Y esa es mi perspectiva, la de una mujer negra. Mi perspectiva no es ni mejor ni peor, es diferente. Y espero que lo que he compartido contigo te ayude a entenderla. Ojalá todo lo que te he explicado en este libro te ayude a comprender otras realidades sin negarlas solo porque te resulten extrañas.

En su libro *El cuerpo no es una disculpa*,[78] Sonya Re-

78. S. R. Taylor, *El cuerpo no es una disculpa*, Tenerife, Melusina, 2019.

nee Taylor propone hacer las tres paces: con la diferencia, con no comprender y con el propio cuerpo. En cuanto a hacer las paces con la diferencia, Taylor dice que «en lugar de reconocer que no entendemos la experiencia de alguien, la empequeñecemos o la metemos en diminutas cápsulas de conocimiento». Eso suele pasar a menudo con las experiencias relacionadas con el racismo. Siento que ese eslogan tramposo según el cual «todas las personas son iguales» nos juega una mala pasada. Porque no, no somos iguales, ¡y menos mal que es así!

En la contraportada de mi libro infantil *Color Carne* se puede leer: «El mar tiene muchos tonos de azul. ¿Y si no existe un único color carne?». Porque, como dice Taylor en su ensayo, la diferencia se acepta con naturalidad cuando hablamos de la naturaleza. Sin embargo, cuando tenemos que pensar en aceptar la diferencia entre los cuerpos de las personas, parece que nos cortocircuitamos. Y la negamos aduciendo esa mal entendida forma de igualdad.

Últimamente, cuando alguien me dice «yo trato a todas las personas por igual» le digo que no debería hacerlo. Si tú eres de esas personas que dicen tratar a todos por igual, te invito a que dejes de hacerlo. Verás, si lo piensas, cae por su propio peso: ¿tratarías igual a una persona con algún tipo de discapacidad visual que a una persona que ve perfectamente? ¿Te relacionarías igual con una persona oyente que con una persona con una discapacidad auditiva? Mi madre, que es una mujer octogenaria, se mueve más despacio, camina más despacio y en ocasiones no oye bien todo lo que le digo. Ser consciente de eso me ha hecho trabajar en mi paciencia y cambiar mis expectativas. No puedo esperar que ella reaccione a la misma velocidad que lo haría una persona de mi edad con un cuerpo sin discapacidades; he entendido que soy yo quien tiene que ajustarse. De lo contrario, me impaciento, me pongo nerviosa y acabo bufando porque no estamos haciendo las cosas al ritmo vertiginoso que la sociedad nos ha metido en el cuerpo.

Yo también estoy en el proceso de hacer las paces con la diferencia, con no comprender y con mi propio cuerpo. En estos últimos meses he aprendido bastante. Y una de las cosas que he aprendido es que no tengo que tratar a todas las personas por igual. Lo que tengo que hacer es tratar a las personas según sus necesidades específicas, y siendo respetuosa con su dignidad. Y para eso necesito hacer las paces con la diferencia. Me gustaría mucho que tú también pudieras hacer ese ejercicio.

Igual que hacer las paces con no comprender. Sonya Renee Taylor dice que «la comprensión no es un requisito previo al honor, el amor o el respeto». Creo que, después de decir esto, no es necesario añadir nada más. Cuando hacemos las paces con no comprender, creo que nos ponemos en disposición de escuchar las experiencias de otras personas sin juzgarlas, y mucho menos sin negarlas.

Recuerdo que hace unos meses, en un taller presencial que impartí, expliqué que a muchas personas negras nos sucede que, cuando nos subimos a algún transporte público, el asiento de nuestro lado suele permanecer vacío. Una de las asistentes al taller se apresuró a decirme que eso no era así, y que en todo caso podría deberse a la distancia social impuesta como parte de las medidas sanitarias pospandémicas. Creo que a esta mujer se le hacía tan difícil comprender lo que yo estaba planteando que necesitaba rechazarlo. En cambio, sé que habrá personas negras que cuando lean esto, en su interior asentirán, porque el hecho de que el asiento de al lado se quede vacío forma parte de su experiencia vital.

En las relaciones sociales con otras personas, solemos negar lo que no comprendemos. No somos conscientes del dolor que podemos llegar a ocasionar al negar experiencias ajenas solo porque nos resultan incomprensibles. El mundo sería un lugar mucho más habitable si hiciéramos las paces con no comprender. No necesitamos comprender —y mucho menos validar— la experiencia de alguien cuando es diametralmente opuesta a la nuestra. El hecho de que no percibamos esa experiencia porque no la hayamos vivido, no la convierte en falsa, en menos válida o en algo que debamos reducir a la categoría de anécdota. Te invito a que reflexiones sobre ello, y a que leas el libro de Taylor para profundizar mucho más en estas cuestiones.

Tengo la esperanza de haber sido capaz de ofrecerte mi perspectiva sobre muchas cuestiones que hemos aprendido de otra forma. De una forma sesgada y que dejaba fuera del foco a muchas personas. Y soy consciente de que, después de años y años de mantener determinadas creencias, cambiarlas supone un ejercicio arduo, y sé que ese es un compromiso que cuesta adquirir. Sin embargo, espero que te lo plantees.

Creo que vale la pena seguir aprendiendo, sobre todo

si nuestros aprendizajes pueden ser fuente de un cambio a mejor, y ayudarnos a identificar situaciones de injusticia, no solo para nosotras, sino para las personas que nos rodean. Y por eso otro de mis deseos, además de que te comprometas con el cambio, es que sigas formándote en antirracismo. Y espero que lo hagas, porque esto no es más que una introducción, una puesta a punto, como indica el título del libro, pero tu formación debe seguir.

A veces nos hacemos trampas al solitario y creemos que, como ya hemos leído un libro sobre antirracismo, como ya seguimos a activistas antirracistas en las redes sociales, no tenemos que preocuparnos, porque ya somos antirracistas. Permíteme que te recuerde amorosamente que ser antirracista no es un destino al que llegar. Ser antirracista es el camino. Un camino que, en cuanto lo inicias, ya no tiene fin. Por eso es necesario que sigas aprendiendo. Eso pasa en muchas profesiones, ¿no es cierto? Las personas que quieren mantenerse al día y tener la información actualizada hacen cursos de reciclaje cada vez que pueden. Plantéate la formación antirracista como un ámbito educativo que requiere reciclarse permanentemente.

Sigue formándote. Que tus ansias de aprender no se acaben nunca. Eso sí: acepta que el cambio no ocurrirá de la noche a la mañana, ¿de acuerdo? Tómatelo con calma. Y, si te equivocas, no te fustigues. Recuerda que los errores forman parte del aprendizaje. Haz lo necesario para enmendar el error y sigue adelante. No caigas en la parálisis. Y no te desanimes ni te vengas abajo. Si las primeras veces que intentas llevar a cabo cambios no sucede nada, o la cagas más que la aciertas, está bien. Te sentirás mal y será difícil; pero nadie dijo que tuviera que ser sencillo. Si te equivocas, recomponte y sigue haciendo. Con el tiempo, todo se volverá más fluido, más natural.

Sigue leyendo libros, acudiendo a eventos y jornadas presenciales —preferiblemente organizadas por personas y entidades racializadas—, invierte en formación. Sí, igual que inviertes en otras muchas formaciones, incorpora el antirracismo a tus intereses. Porque, si no, es muy fácil dejarse llevar por otras cosas. Estoy muy acostumbrada a que cada vez que anuncio el lanzamiento de alguno de mis cursos, alguien me diga «me encantaría apuntarme, Desirée; pero ahora mismo estoy hasta arriba y no tengo tiempo». Es otra de las trampas que nos hacemos: clamar por la ausencia de tiempo. Sé que lo que voy a decir escuece, pero a estas alturas para qué voy a evitar decir algo que escueza, ¿no te parece? La verdad incómoda es esta: la mayor parte de las veces no es una cuestión de falta de tiempo. Es una cuestión de elección y de prioridades. Sin más. No estoy juzgando. Estoy constatando. Hay muchas personas que me dicen que les interesa el antirracismo, pero no tienen tiempo de formarse porque están ocupadas haciendo otros cursos. Cursos para los que sí tienen tiempo. Se trata, por tanto, de una cuestión de prioridades.

Cada persona tiene la libertad de decidir en qué invierte su tiempo. Hay quien no quiere formarse y prefiere ver películas de James Bond. Hay quien decide formarse, pero prefiere hacer cursos de Domestika o cursar maestrías y posgrados antes que formarse en cuestiones de antirracismo. Todo es cuestión de elección. Y a la hora de elegir, la formación antirracista se queda en el fondo del saco de las listas de formaciones pendientes. Después, esas personas pretenden que sus comentarios y actitudes sean excusados porque no sabían que lo que dijeron o hicieron era problemático.

Debemos dejar de ser hipócritas. Hay que dejar de exculpar las actitudes racistas con frases como «bueno, qué le vamos a hacer; lo dijo sin saber que eso era racista». Y después de haberlo dicho, encogerse de hombros y cambiar de tema. En 2023, no tener formación antirracista no es una excusa. Es una elección. Cada persona decide en qué invierte su tiempo para formarse. Y hay muchas personas que prefieren formarse en cualquier otra cuestión, sea la que sea —astrología, punto de cruz, *copywriting*, fotografía, *coaching*, escritura creativa—, antes que formarse en antirracismo. Piensan que es algo para lo que no se necesita formación; y, una vez más, opinan así porque creen que no son racistas.

Y al final sucede algo curioso: cuando te apuntas a un curso sobre cualquier disciplina, admites que necesitas saber más sobre esa materia, y por eso te matriculas. Eres consciente de que no tienes conocimientos suficientes, o de que quieres ampliarlos, y con esa ilusión y esa curiosidad te matriculas en una universidad y pagas un posgrado, o te compras varios cursos en Domestika para ampliar tu formación. ¿Por qué no existe ese interés con el antirracismo? ¿Por qué tanta gente piensa que no hay nada que aprender? ¿Y por qué, si se trata de una educación que nos puede ayudar a tratar mejor a otras personas, no le ponemos las mismas ganas que a un curso de productividad o de gestión del tiempo? Dejo estas reflexiones aquí, por si las quieres considerar. Si hasta ahora nunca has recibido formación en antirracismo —no hablo de leer libros o contenidos en las redes sociales: hablo de inscribirte en un curso o un taller—, te invito a que abras tu cuaderno y escribas sobre los motivos por los que hasta ahora no te has planteado invertir en tu formación antirracista.

* * *

Otra cosa que quería comentar es la siguiente. Soy consciente de que he hecho mucho hincapié en algunas ideas y que he podido sonar repetitiva. Quiero que sepas que ha sido absolutamente intencional. La repetición es una forma de aprendizaje. Hay lecciones que necesitan ser repetidas muchas veces para ser interiorizadas, y es así como las hacemos nuestras y al final las recordamos con facilidad o las incorporamos, si se trata de tareas, hasta que llegamos a automatizarlas. Por más que en algún momento hayas sentido que me repetía, piensa que las tablas de multiplicar las repetiste muchas más veces de las que yo he repetido que el racismo es estructural. Así que, si acabaste aprendiendo que nueve por nueve son ochenta y uno por repetición, también puedes acabar incorporando el aprendizaje de que, efectivamente, el racismo es estructural y no individual ni de naturaleza moral.

Espero de todo corazón que este libro te haya aportado algo, por poco que sea. Tal vez, si eres una persona que ya lleva más recorrido y formación antirracista a las espaldas, te haya sabido a poco. Si es así, me alegro y lo celebro. Pero, recuerda: tienes que seguir formándote y aprendiendo. Lee los planteamientos de diferentes activistas, así tendrás una visión mucho más amplia y mucho más rica. Y así también constatarás que dentro del antirracismo hay diferentes visiones y opiniones. Las personas negras y racializadas no tenemos un pensamiento único. No pensamos todas exactamente igual. Dentro de la comunidad africana y afrodescendiente hay pluralidad de discursos y opiniones, y es interesante que te acerques a tantas perspectivas como puedas. Así tu horizonte se ampliará con los conocimientos de distintas personas.

Si este libro te ha sabido a poco, préstaselo a alguien de tu entorno. Seguro que se te ocurre alguien. Alguna persona con la que hayas tenido una conversación y hayas visto que su conocimiento del antirracismo era limitado. Hazle este regalo y permítele ampliar su mirada poniéndose las gafas antirracistas que tú ya hace tiempo que llevas. Y recuerda los consejos del capítulo anterior: mantente cerca de esa persona para ver cómo florece en ella la conciencia antirracista.

Tengo que pedirte este favor: habla de justicia racial. Habla de privilegio y supremacía. Habla una vez y otra, no dejes de hacerlo. Incorpora estos temas a tus conversaciones con tus amistades. Recuerdo que, hace algún tiempo, una persona que forma parte de mi comunidad de formación continua me dijo que había ido al cine a ver una película sobre racismo (ahora no consigo recordar cuál era). Decía que ella se había quedado muy conmovida y que, al salir de la sala, la gente ya había cambiado de tema y estaba hablando de otras cosas. Decía también que estaba muy agradecida por formar parte de mi comunidad, porque eso le permitía hablar casi a diario de racismo y antirracismo, algo que no era habitual en su entorno. Esa es la transformación que necesitamos: hay que hablar más de estos temas, para que no sean simples temas puntuales que surgen cuando asesinan a la enésima persona negra.

Te voy a pedir un último favor: actúa. No puedes quedarte solo en las palabras. Tienes que pasar a la acción, porque eso es lo que define ser antirracista. A menudo alguien que lee mis boletines semanales me escribe para contarme que se animó a señalar una situación problemática: el cartel de una actividad en la que se utilizaba la imagen de menores afro; el uso de una cultura como disfraz en el colegio de sus peques. Son personas que, a base de leer mis contenidos y los de otras activistas antirracistas, se han animado a pasar a la acción. Y si bien —recuérdalo— no necesitan mi aprobación, han decidido actuar a pesar del miedo. Y eso es lo que necesitamos: más gente «haciéndolo a pesar del miedo».

Por ahí corre el siguiente dicho: «Mejor hecho que perfecto». Aplícatelo para tus acciones antirracistas. Nadie te pide la perfección. El antirracismo no necesita eso de ti. El antirracismo necesita que pases a la acción, que superes la parálisis por análisis y elimines todos esos pensamientos que te impiden actuar:

- «Si ahora digo esto, me llamarán aguafiestas».
- «No sé cómo decir esto para que sepan que no está bien».
- «¿Y si lo digo y la cago?».

En ocasiones la vergüenza te impide hablar porque no sientes la suficiente confianza para decir lo que quieres decir. Otras veces, no estás segura de poder contraargumentar lo que te han dicho. Y, al final, te quedas con la culpa aplastante del «tenía que haber dicho algo», y te sientes fatal. Espero de todo corazón que este libro que estás a punto de terminar, y los consejos que incluye, te ayuden a transitar por esos momentos de miedo y duda, y que, con las gafas antirracistas puestas, pases a la acción.

Agradecimientos

Llevo mucho tiempo practicando la gratitud. En momentos muy jodidos, me ayuda a ver el vaso unas veces —no siempre— medio lleno, otras solo el culín, pero marca la diferencia. Por eso no puedo acabar este libro sin dar las gracias y sin expresar mi amor por todas las personas maravillosas que hacen posible que yo esté a punto de terminarlo.

Mi familia, la biológica y la escogida, van en primer lugar. Mi madre y mis hijas siempre van a ser las primeras. Por su apoyo incondicional, por su paciencia, por su comprensión, por alegrarse de mis logros y contenerme y sostenerme cuando desfallezco. Eso es algo que también debo agradecerle a mi familia escogida: Gi, Ro y mi círculo de La Maldat están ahí día tras día, cuidándome. El amor de todas estas personas me eleva, me sana y me da fuerzas cuando siento que se me acaban.

En cuanto al equipo de Penguin Random House, tengo que darle las gracias, siempre, a mi editor, Gonzalo

Eltesch. Gracias por haberme escogido, querido. Gracias por tu comprensión, por respetar mis tiempos y por ser capaz de apresurarme sin que apenas lo note. Como decía la canción de La Cabra Mecánica, «si la suerte es caprichosa, el amor es ciego, y con el tuyo me ha tocao el cupón». Sí, aquí también hablo de amor, porque trabajo con personas que aman lo que hacen, y con ese amor me acompañan y cuidan de mi manuscrito, y lo transforman en el libro que tienes en tus manos. Además de Gonzalo, agradezco a Berta Noy, directora literaria de Ediciones B, su amor y su atención. Berta, querida, gracias. No solo por lo que haces por mí como escritora en la editorial, sino por tu *feedback* y tu apoyo como lectora de mis boletines semanales, por darme opiniones, por estar abierta a la interpelación y a la crítica constructiva.

Detrás, en la sombra, hay un equipo de personas maravillosas. Una diseñadora gráfica, Idoia Vallverdú, que captó enseguida de qué iba *Ponte a punto para el antirracismo* y apareció con unos diseños de portadas que me enamoraron en cero coma. Y también hay un equipo de personas en el Departamento de Edición que han revisado el texto para convertirlo en lo que estás terminando de leer: Manel Martí Viudes y Sara Fernández Balagué han hecho un trabajo de revisión exhaustivo a la vez que respetuoso con mis indicaciones. Eso es muy importante para mí.

Volver, cual hija pródiga, a mi grupo espiritual Mar de Luz ha significado mucho para mí. En especial mi querida Mariola ha hecho mucho por mí, más de lo que se imagina, y estoy inmensamente agradecida por ello. NMRK.

A todas las personas que me precedieron en el movimiento antirracista, tanto local como globalmente, y a todas las que se dedican ahora a aportar su visión y, desde su parcela, contribuyen continuamente con su trabajo a la consecución de una sociedad racialmente equitativa, muchas gracias por vuestra dedicación. Soy porque somos.

A todas las personas que conforman mi comunidad en las redes sociales —especialmente en Instagram—, gracias por el apoyo. Quiero hacer una mención especial a las personas que aprenden conmigo en mi comunidad de formación continua Laboratorio de Deconstrucción. Gracias por el apoyo, el amor y la comprensión que siempre me brindáis. Trabajar con personas con tanta calidez humana es una maravilla. Y no quiero olvidarme de todas esas personas a las que no estoy mencionando, pero que me apoyan, me acompañan o me sostienen desde diferentes espacios y lugares, como las compas de la XAC, o mi grupo de WhatsApp «Madre no hay más que una». A todas las que estáis ahí, ya sea constante o puntualmente, sabed que tenéis todo mi agradecimiento.

Y a ti, por supuesto, gracias. Gracias por darme la oportunidad de explicarte todo lo que te he explicado en el libro. Espero que esta lectura sea un pasito más en tu camino hacia la alianza antirracista. No importa si acabas de empezar tu andadura o si ya llevas años. La última petición que te hago es esta: sigue caminando.